Methodenseite (blau)

Auf der **Methodenseite** lernen und wiederholen Sie im Zusammenhang mit den Inhalten des Kapitels wichtige allgemeine und Fachmethoden. Dabei werden Ihnen bestimmte Arbeitsschritte empfohlen.

Kompetenzen vernetzen und überprüfen

Kompetenzseiten (grün)

Der **Arbeitsanhang** gibt Ihnen wertvolle Hilfen zur Vertiefung und Erweiterung Ihrer Kompetenzen.

Auf den Seiten **TERRA KOMPETENZ** können Sie Ihre Kompetenzen festigen und mit Aufgaben Ihren Arbeitsstand überprüfen.

Mit dem **Klausurtraining** können Sie sich auf die Klausuren in der Oberstufe und damit auf die Abiturklausur vorbereiten.

Alle wichtigen Grundbegriffe sind im Text fett ausgezeichnet, im **Glossar** definiert und über das Register zu finden.

Schließlich sind auf dem hinteren inneren Buchumschlag die Anforderungsbereiche und Operatoren für die Aufgaben erklärt.

Umschlagbild: Satellitenbild vom Suezkanal mit der sechs Tage dauernden Blockierung durch das Containerschiff „Ever Given" im März 2021 mit der Folge von Lieferengpässen und damit verbunden gravierenden wirtschaflichen Auswirkungen.

1. Auflage 1 5 4 3 2 1 | 26 25 24 23 22

Alle Drucke dieser Auflage sind unverändert und können im Unterricht nebeneinander verwendet werden.
Die letzte Zahl bezeichnet das Jahr des Druckes.
Das Werk und seine Teile sind urheberrechtlich geschützt. Jede Nutzung in anderen als den gesetzlich zugelassenen Fällen bedarf der vorherigen schriftlichen Einwilligung des Verlages. Hinweis § 60a UrhG: Weder das Werk noch seine Teile dürfen ohne eine solche Einwilligung eingescannt und/oder in ein Netzwerk eingestellt werden. Dies gilt auch für Intranets von Schulen und sonstigen Bildungseinrichtungen. Fotomechanische, digitale oder andere Wiedergabeverfahren nur mit Genehmigung des Verlages.
Nutzungsvorbehalt: Die Nutzung für Text und Data Mining (§ 44b UrhG) ist vorbehalten. Dies betrifft nicht Text und Data Mining für Zwecke der wissenschaftlichen Forschung (§ 60d UrhG).
An verschiedenen Stellen dieses Werkes befinden sich Verweise (Links) auf Internet-Adressen. Haftungshinweis: Trotz sorgfältiger inhaltlicher Kontrolle wird die Haftung für die Inhalte der externen Seiten ausgeschlossen. Für den Inhalt dieser externen Seiten sind ausschließlich die Betreiber verantwortlich. Sollten Sie daher auf kostenpflichtige, illegale oder anstößige Inhalte treffen, so bedauern wir dies ausdrücklich und bitten Sie, uns umgehend per E-Mail an kundenservice@klett.de davon in Kenntnis zu setzen, damit bei der Nachproduktion der Verweis gelöscht wird.

© Ernst Klett Verlag GmbH, Stuttgart 2022. Alle Rechte vorbehalten. www.klett.de
Das vorliegende Material dient ausschließlich gemäß § 60b UrhG dem Einsatz im Unterricht an Schulen.

Herausgeber: Dr. Wilfried Korby, Korb
Autoren: Dr. Franz Xaver Heckl, Wolnzach; Dr. Wilfried Korby, Korb; Arno Kreus, Aachen

Entstanden in Zusammenarbeit mit dem Projektteam des Verlages.
Externe Redaktion: Dr. Klaus-Peter Herr, Gotha

Mit Beiträgen von: Kathrin Eger, Leipzig; Norbert von der Ruhren, Aachen; Dr. Andrea Rendl, Dossenheim
Gesamtgestaltung: Nathanaël Gourdin & Katy Müller GbR, Leipzig
Titelbild: imago images (Roscosmos Press Office / TASS)
Satz: Anne Lehmann, Leipzig
Reproduktion: Meyle&Müller, Medien-Management, Pforzheim
Druck: Firmengruppe APPL, aprinta druck, Wemding

Printed in Germany
ISBN 978-3-12-104816-8

Dr. Wilfried Korby (Hrsg.), Dr. Franz Xaver Heckl, Arno Kreus

TERRA

Nordafrika und Vorderasien

Ernst Klett Verlag
Stuttgart · Leipzig · Dortmund

INHALT

Nordafrika und Vorderasien: ein Raum politischer Umbrüche 6

Der Raum im Überblick 6

„Arabischer Frühling" – der Orient im Umbruch? 8

Gesellschaftliches Kernproblem: die Hypothek des Rentenkapitalismus 10
- Rentenkapitalismus in der Wirtschaft 10
- Rentenkapitalismus als Staatsprinzip: „Rentenstaaten" 11

1 Ressource Wasser als Entwicklungsfaktor und Konfliktpotenzial 12

1.1 Wasser in Nordafrika und Vorderasien – eine knappe Ressource als Entwicklungsfaktor 14

1.2 Wasserkonflikte 16
- Wassernutzung in der Niloase – ein zwischenstaatlicher Konflikt 16
- Thematische Karten analysieren 18
- Wassernutzung im Iran – innerstaatliche Wasserkonflikte 20

1.3 Lösungsansätze für Wasserkonflikte 22
- Politische Lösungen 22
- Technische Lösungen 24

2 Entwicklungsprozesse in der Landwirtschaft 26

2.1 Klimatische Grundlagen 27

2.2 Landwirtschaftliche Nutzungsmöglichkeiten 28

2.3 Nomadismus – angepasste und nachhaltige Lebensform in Trockenräumen 30
- Traditioneller Nomadismus 30
- Nomadismus im Wandel 30

2.4 Oasen und Oasenwirtschaft im Wandel 32

2.5 Intensivlandwirtschaft in der Wüste – Bewässerungsfeldbau in Saudi-Arabien 34
- Bewässerung und Agrobusiness 34
- Wasserproblematik 35

2.6 Landgrabbing – eine nachhaltige Ernährungssicherung? 36
- Golfstaaten und Landgrabbing 36

2.7 Neue Wege in der Landwirtschaft ... 38
- ... durch Schonung der Ressource Wasser 38
- ... durch nachhaltigen Landbau 39

3 Erdöl und Erdgas als Entwicklungsmotoren und Konfliktpotenzial 40

3.1 Die Bedeutung von Erdöl und Erdgas 41
- Erdöl und Erdgas als strategische Rohstoffe 42
- OPEC und OPEC+ 43

3.2 Erdöl- und Erdgasförderung in Nordafrika und Vorderasien 44

3.3 Entwicklung durch Erdöl und Erdgas? 46
- Königreich Saudi-Arabien 46
- Vereinigte Arabische Emirate (VAE) 48
- Sultanat Oman 50

3.4 Arbeitsmigration in die Ölstaaten – mit Win-win-Effekten? 52

3.5 Erdöl und Erdgas als Konfliktpotenzial 54
- Öltransporte 54
- Iran-Sanktionen 55

4

Investitionen als Zukunftssicherung   56

4.1 Fallbeispiel Ägypten: Stärkung der Binnenökonomie in Industrie und Gewerbe   58

4.2 Fallbeispiele Marokko und Dubai: durch Ausbau der Verkehrsinfrastruktur zur Drehscheibe zwischen den Kontinenten   60
     Marokko: Hafen Tanger Med – Nordafrikas Tor zur Welt   60
     Dubai: DWC/Al Maktoum International – Flughafen für die Zukunft   61

4.3 Fallbeispiel Marokko: erneuerbare Energien für Umwelt- und Klimaschutz   62

4.4 Fallbeispiel Katar: Bildung als Basis für eine gelingende Zukunft   64

4.5 Fallbeispiel VAE und Zentralasien: Investitionen in das Ausland zur Stärkung der eigenen globalen Position   65

5

Tourismus als Entwicklungsfaktor   66

5.1 Ägypten – der Klassiker   68
     Tourismus als Wachstumsfaktor   68
     Räumliche Verteilung der Touristenströme   69
     Probleme im Urlauberparadies   69

5.2 Türkei – Spätzünder im Mittelmeerraum   70
     Tourismus – ein Beitrag zur Entwicklung des Landes   70
     Probleme   71
     Lösungen   71

5.3 Die Newcomer   72
     Dubai – Top destination des Welttourismus?   72
     Abu Dhabi – Kunst am Golf   73
     Katar – Eventtourismus   74
     Oman – Tourismus zwischen Tradition und Moderne   75

6

⊞ **Die orientalische Stadt im Wandel**   76

6.1 Die orientalische Altstadt – ein eigener Stadttyp   77

6.2 Erscheinungsformen und Ursachen des Wandels   78
     Fallbeispiel Teheran: von der orientalischen Kleinstadt zur Metropole   78
     Demografie – junge Bevölkerung in den Städten   80
     Landflucht …   82
     … und Städtewachstum   83
     Kolonialisierung – Verwestlichung – Globalisierung   84

6.3 Megapolisierung und Metropolisierung   86
     Entstehen von Megacitys   86
     Entlastungsstädte in der Wüste – eine nachhaltige Lösung?   87
     Masdar City in Abu Dhabi – eine Stadt der Zukunft?   88

6.4 Herausforderungen: räumliche und soziale Disparitäten   89
     Marginalisierung und Segregation   89
     Rolle der Frau im Wandel   90

7

Anhang – Kompetenzen vernetzen und überprüfen   92

7.1 Kompetenzen vernetzen   93
7.2 Kompetenzen überprüfen   94
7.3 Klausurbeispiel   96
7.4 Glossar   99
7.5 Sachregister   101
     Nachweise   102
     Anforderungsbereiche und Operatoren   hinterer Buchdeckel

Legende:

TERRA **METHODE**
TERRA **KOMPETENZ**

⊞ besonders geeignet für das erhöhte Anforderungsniveau (Leistungskurs)

Nordafrika und Vorderasien: ein Raum politischer Umbrüche

Orient: von lateinisch „sol oriens" (aufgehende Sonne); aus europäischem Blickwinkel abgeleitete Bezeichnung für den Raum der vorderasiatischen Hochkulturen und islamischen Länder des Nahen Ostens und Nordafrikas.

Vorderer Orient: unscharfe Bezeichnung für den Raum zwischen der Türkei im Westen, dem Iran im Osten, Kaukasien im Norden und der Arabischen Halbinsel; häufig auch als „Vorderasien" bezeichnet.

Naher Osten: häufig verwendete Bezeichnung für die Region des „Fruchtbaren Halbmondes" (entlang von Euphrat und Tigris) und der Arabischen Halbinsel, meistens einschließlich Ägyptens.

Vorderasien: aus europäischem Blickwinkel geschaffene Bezeichnung für den Raum zwischen Mittelmeer und Rotem Meer im Westen, Schwarzem Meer, Kaukasus und Kaspischem Meer im Norden, dem Iran im Osten und dem Indischen Ozean im Süden.

1 Das Untersuchungsgebiet

Der Raum im Überblick

Die Welt schaute im Jahr 2010 gebannt auf den nordafrikanisch-vorderasiatischen Raum. Berichte über Proteste, Aufstände, Bürgerkriege, gestürzte Staatsoberhäupter beherrschten die Medien. Ein rasanter politischer und sozialer Wandel schien sich anzubahnen und den gesamten islamischen Orient zu ergreifen.

Wie haben wir diesen Raum bisher wahrgenommen? Als geheimnisvollen Orient mit seinen „Märchen aus Tausendundeiner Nacht"? Als Trockenraum mit nahezu menschenleeren Wüsten, mit grünen **Oasen** und fruchtbaren Flusslandschaften? Als Region unermesslich reicher Ölscheichs und verschleierter, unterdrückter Frauen? Als den Hort eines Frieden und Freiheit bedrohenden religiösen Fundamentalismus?

Abgesehen von persönlichen Eindrücken und Urteilen werden Nordafrika und Vorderasien von uns in der Regel nicht nur als homogener Naturraum, sondern auch als ein vom Islam geprägter einheitlicher Kulturraum wahrgenommen. Tatsächlich ist eine ganze Reihe verbindender Merkmale und Strukturen erkennbar. Der Orient

- umfasst den westlichen und mittleren Teil des Trockengürtels in Nordafrika und Vorderasien mit einem sommerheißen, meist sommertrockenen Klima,
- ist durch Wüste, Halbwüste und Steppe, im Meeresküstenbereich auch durch mediterrane Vegetation gekennzeichnet,
- gehört zu den erdöl- und erdgasreichsten Regionen der Erde,
- stellt kulturgeschichtlich das Ursprungszentrum unserer Hochkulturen dar,
- wurde als hellenistisch-römisch beeinflusster Teil der Mittelmeerwelt im 7. Jh. n.Chr. von den Arabern erobert und ist seitdem vom Islam geprägt.

D1 Infoblatt Kulturerdteile

D2 Kopiervorlage Verbreitung Islam

Das Staatsgebiet Israels und der Türkei liegt auf dem Boden Vorderasiens, sodass beide Staaten in den Untersuchungsraum einbezogen werden, obwohl sich insbesondere Israel als Teil Europas bzw. der „westlichen Welt" betrachtet.

In einer besonderen politischen, wirtschaftlichen und sozialen Situation befindet sich auch der Großteil des palästinensischen Volkes. Seit dem Sechstagekrieg von 1967 steht das Westjordanland unter israelischer Militärverwaltung, Teile werden aber auch von einer Palästinensischen Autonomiebehörde verwaltet. Ostjerusalem wurde 1980 von Israel annektiert, was völkerrechtlich nicht anerkannt ist. Der Gazastreifen ist seit 1994 Palästinensisches Autonomiegebiet, seit 2006 beherrscht durch die Hamas und von Israel und Ägypten weitestgehend isoliert. Die Menschen dort sind faktisch staatenlos.

– wird bis in die Gegenwart in seiner Entwicklung durch das System des **Rentenkapitalismus** behindert,
– ist gegenwärtig ein Raum großer politischer Instabilität.

Doch trotz aller Gemeinsamkeiten ist im nordafrikanisch-vorderasiatischen Raum eine Reihe scharfer Gegensätze erkennbar. So muss bei der Betrachtung des Naturraumes unterschieden werden zwischen den ausgesprochenen Trockengebieten, in denen der Wassermangel das Leben und Wirtschaften bestimmt, und den wenigen Gunstregionen z. B. in Strom- oder Grundwasseroasen mit ihrem Bewässerungsfeldbau. Im gesellschaftlich-politischen Bereich bildet der Islam eine starke Klammer. Die religiöse Spaltung zwischen Sunniten und Schiiten, auch die sprachlich-kulturellen Unterschiede zwischen Arabern, Persern und Türken führen aber zu einer ausgesprochenen Vielfalt in der gesellschaftlichen Wirklichkeit. Hinzu kommen die jeweiligen spezifischen historischen Erfahrungen, die politischen Interessen und vor allem auch die Unterschiede im ökonomischen Entwicklungsstand.

1 Arbeiten Sie wesentliche Lagemerkmale unseres Untersuchungsraumes heraus.

2 Das Bild des Orients in unseren Köpfen:
a) Beschreiben Sie spontan die Vorstellungen, die Sie persönlich mit dem „Orient" verbinden (z. B. Essay, Mindmap),
b) Vergleichen Sie Ihre Ergebnisse mit denen Ihrer Mitschülerinnen und Mitschüler.

Nordafrika und Vorderasien: ein Raum politischer Umbrüche

2 Nordafrika und Vorderasien zwischen politischen Umbrüchen und Repression

„Arabischer Frühling" – der Orient im Umbruch?

Ausgelöst von der Selbstverbrennung eines jungen Tunesiers im Dezember 2010 entstand eine Protestwelle, die sich wie ein Flächenbrand rasch über viele Länder Nordafrikas und Vorderasiens ausbreitete. Demonstrationen, Aufstände, Rebellionen und Bürgerkriege erschütterten die autokratischen Regime der Region. Von dieser als **„Arabischer Frühling"** bezeichneten Bewegung erhofften sich viele Menschen in den betroffenen Ländern, aber auch in der westlichen Welt, eine Demokratisierung der politischen Systeme und Verbesserungen bei der Durchsetzung von Menschenrechten.
Folgende, allen Ländern der Region gemeinsame Ursachen, lassen sich für diese auch als „Arabellion" bezeichneten Umbrüche anführen:
– massive Unzufriedenheit mit den Machtstrukturen und den autoritären Regimen,
– schwerwiegende Menschenrechtsverletzungen bei fehlender Rechtsstaatlichkeit,
– häufig gewaltsame Unterdrückung jeglicher politischen Opposition,
– die für jeden offenkundige Korruption und Vetternwirtschaft,
– die Perspektivlosigkeit v. a. für die Jugend,
– wachsende Lebenshaltungskosten bei zunehmender Kluft zwischen Arm und Reich.

Der „Arabische Frühling" ist in jedem Land anders verlaufen. Für alle gilt, dass sich kaum eine der Hoffnungen erfüllt hat. Trotzdem stellt er für die gesamte Region eine Zäsur dar – mit weitreichenden politischen, geostrategischen und wirtschaftlichen Folgen.

Bilanz des „Arabischen Frühlings"

„Die Region schien von der Aufbruchstimmung damals wie elektrisiert … Doch zehn Jahre später fällt die Bilanz selbst in Tunesien, das gern als Musterknabe für demokratischen Wandel bezeichnet wird, ernüchternd aus …

Tatsächlich blicken die Tunesier zunehmend kritisch auf die Zeit seit der Revolution, die zur Flucht Ben Alis [autokratisch regierender Ministerpräsident 1987–2011] und den ersten demokratischen Wahlen im Land führte. In einer Umfrage im Auftrag der Konrad-Adenauer-Stiftung erklärten 77 Prozent der Befragten, dass sich die wirtschaftliche Lage seit 2010 verschlechtert habe.

Die Verantwortlichen sind ihrer Ansicht nach Politiker, Geschäftsleute und der tunesische Staat. In einer weiteren Umfrage meinten 60 Prozent der Befragten, die sozialen Gräben hätten sich vergrößert … Korruption sei die „neue Normalität" und heute teils noch stärker verbreitet als zu Zeiten Ben Alis, berichtete der internationale Rechtsanwaltsverband IBA jüngst … Im Vergleich zu Syrien, Libyen oder dem Jemen, die eigene Proteste erlebten und in Bürgerkriegen versanken, gilt Tunesien dennoch als Erfolgsgeschichte: Die Parlaments- und Präsidentschaftswahlen nach demokratischen Standards, die Verabschiedung einer Verfassung 2014, die Zivilgesellschaft und eine freie Presse sind Zeichen des Wandels. 2015 gewann das tunesische Quartett für den nationalen Dialog den Friedensnobelpreis für seinen Beitrag zum Aufbau einer Demokratie … Tunesien sei ‚eine noch nicht abgeschlossene Erfolgsgeschichte oder ein noch nicht abgeschlossener Beweis für das Scheitern der Demokratie', schreibt Holger Dix, Leiter des Tunesien-Büros der Adenauer-Stiftung."

dpa: Zehn Jahre Arabischer Frühling – eine Bilanz. Auf ZDF heute vom 17.12.2020, Dez. 2021

3

3 Auswertung von Karte 2
a) Stellen Sie wesentliche Merkmale des „Arabischen Frühlings" dar.

b) Analysieren Sie die Karte im Hinblick auf Ergebnisse des „Arabischen Frühlings".

4 Gestalten Sie eine Präsentation zur aktuellen Situation in einem der angesprochenen Staaten (Internetrecherche).

Gesellschaftliches Kernproblem: die Hypothek des Rentenkapitalismus

Der orientalische Rentenkapitalismus in der Landwirtschaft

Eigentümer der Produktionsmittel: Großgrundbesitzer, Geldleiher, Kaufmann — Pächter, Bauer

Rententitel (Produktionsmittel): Boden, Wasser, Saatgut, Geräte und Zugvieh — Arbeitskraft

→ Produktion → Ertrag

4

6 Jemen heute: Pflügende Bauern – Stagnation der Produktionsmittel

Rentenkapitalistische Strukturen

„Am klarsten und eindeutigsten prägt sich das System des orientalischen Rentenkapitalismus im Bereich der Landwirtschaft aus. Bis zu dem sozialen Umbruch, der mit der ägyptischen Revolution 1952 begann, konnte die Masse der bäuerlichen Bevölkerung im Orient nur einen kleinen Teil des Ertrags ihrer Bemühungen für sich behalten. Die Hälfte, oftmals drei Viertel und gelegentlich sogar neun Zehntel der Ernte mussten an die in der Stadt ansässigen Großgrundbesitzer, Geldleiher oder Kaufleute abgeführt werden. Sie, die Besitzer der Rententitel, stellten dem Fellachen [Bauern] den Boden, das Wasser, das Saatgut, nicht selten auch Gerät und Zugtiere oder die Wohnung zur Verfügung. Als Gegenleistung für jeden dieser ‚Produktionsfaktoren' beanspruchten sie dann je ein Fünftel der Ernte ... Zusätzlich zur Abgabe solcher Ernteanteile wurde vielfach noch die Zahlung außerordentlich hoher Zinsen für Darlehen, Vorschüsse usw. gefordert ...
Nicht minder effektiv war der Zugriff des traditionellen Rentenkapitalismus im Bereich der gewerblichen Produktion. Das städtische Handwerk wie das ländliche Heimgewerbe bekamen vielfach sowohl das Arbeitsgerät (Webstuhl, Schmelzofen usw.) als auch das Rohmaterial (Garn, Kupferplatten usw.) vom städtischen Geldgeber zur Verfügung gestellt ... Von allen ‚Produktionsfaktoren' blieb damit vielen Gewerbetreibenden wieder nur ihre Arbeitskraft, die mit einem unglaublich niedrigen Hungerlohn vergütet wurde."

Horst Mensching/Eugen Wirth/Willi-Walter Puls: Nordafrika und Vorderasien. Fischer-Länderkunde, Bd. 4. Frankfurt/M: Fischer Taschenbuch Verlag 1975, S. 44

5

Rentenkapitalismus in der Wirtschaft

Das jahrhundertealte Wirtschaftssystem des **Rentenkapitalismus** ist eines der schwerwiegendsten Hemmnisse bei der Modernisierung in Ländern des Globalen Südens [heute häufig als begrifflicher Ersatz für die eher wertende Bezeichnung Entwicklungs- und Schwellenländer].

Das gilt in besonderem Maße für den islamischen Orient. Vom westlichen Industriekapitalismus unterscheidet sich dieses Wirtschaftssystem dadurch, dass die Eigentümer der Produktionsmittel (z. B. Boden, Handwerksbetrieb) der Gütererzeugung nur geringes Interesse entgegenbringen. Diese überlassen sie vielmehr den Betreibern bäuerlicher, handwerklicher oder gewerblicher Kleinbetriebe, denen sie die notwendigen Produktionsmittel verpachten. Sie selbst konzentrieren sich auf das Eintreiben der Zinszahlungen oder das Abschöpfen von Ertragsanteilen, also von „Renten" (Grafik 4).

Die entwicklungshemmenden Konsequenzen dieser als „historische Hypothek" bezeichneten Wirtschaftsgesinnung sind offenkundig: Weder die Eigentümer der Produktionsmittel noch die besitzlosen Pächter haben ein nennenswertes Interesse an Modernisierungsinvestitionen – technische Ausstattung der Betriebe und deren Produktivität stagnieren.

D3
Kopiervorlage
Rentenkapitalismus detailliert

In jüngerer Zeit hat in einigen Ländern ein Umdenken stattgefunden. Mit staatlich verordneten **Agrarreformen** soll die Landwirtschaft modernisiert werden. Hinzu kommen privatwirtschaftliche Initiativen im Bereich des Agrobusiness und des ökologischen Landbaus (S. 38–39). Nach wie vor bestehen aber vielfältige rentenkapitalistische Bindungen – vor allem auch auf der staatlichen Ebene.

Rentenkapitalismus als Staatsprinzip: „Rentenstaaten"

Mit dem Begriff Rentenstaat werden jene orientalischen Länder bezeichnet, die regelmäßig in sehr hohem Umfang externe Renten beziehen, d.h. Einkommen, die vom Ausland einfließen und denen nur in Ansätzen entsprechende eigene Investitions- und Arbeitsleistungen gegenüberstehen. So wie also der einzelne Rentenkapitalist bestrebt ist, in kürzester Zeit möglichst mühe- und risikolos seine Ertragsanteile abzuschöpfen, lebt der Rentenstaat zu einem erheblichen Teil von auswärtigen Ressourcen und weniger von den intern erbrachten Steuern. Der von außen zufließende Anteil am Staatshaushalt liegt dabei teilweise höher als 40 Prozent.

Die Renten stehen der politischen Führung zur freien Verfügung. Spätestens seit der ersten Ölpreisexplosion 1973/74 bildete sich ein spezifischer „Verteilungsstaat" heraus, mit der Folge, dass die Individuen und Gruppen in der Gesellschaft um einen möglichst hohen Anteil an den vom Staat in Form von Subventionen, Krediten, Einkommen usw. vergebenen „Wohltaten" konkurrieren. Wichtig bei diesem „rent-seeking" ist es, sich Zugang zur politischen Führung und zur Top-Bürokratie zu verschaffen. Der individuelle wirtschaftliche Erfolg hängt dabei nicht von produktiver Arbeit oder wirtschaftlicher Mühe ab, sondern eher von politisch-diplomatischen Fähigkeiten (Werben, Kontakte knüpfen, Verteilungskoalitionen eingehen).

Externe Renten von Staaten des Orients

Rohstoffrente: hohe Einkommen aus dem Export von Rohstoffen (v. a. Erdöl, Erdgas) aufgrund günstiger Produktionsbedingungen und ausreichender Ressourcen

Effektenrente: Rückfluss von Zinsen und Dividenden aus im Ausland angelegten Kapital („Petrodollar-recycling")

Lagerenten: Einnahmen aus Gebühren für Nutzungsgenehmigungen (z. B. Pipelines, Durchfahrtsrechte, Kanäle)

Indirekte Renten: Kredite und Militärhilfen aus politischen und strategischen Gründen (z. B. aus den USA an Ägypten) oder Entschädigungen an sog. „Frontstaaten" (z. B. aus den Golfstaaten an die Israelnachbarn).

8

Autoritärer Gesellschaftsvertrag

„[Rentenstaaten] weisen eine Reihe charakteristischer wirtschaftlicher, gesellschaftlicher und politischer Deformationen auf:
– ökonomisch insofern, als produktive Investitionen häufig unterbleiben und die Strategien der Eliten auf rent seeking und Nähe zum Staatsapparat ausgerichtet sind,
– politisch insofern, als die Staatsapparate gesellschaftliches Wohlverhalten und Loyalitäten durch Geld erkaufen; das oft fehlende Besteuerungssystem dämpft gesellschaftlichen Oppositionsgeist.

In solchen ‚Allokationsstaaten' konkurriert die Bevölkerung um die vom Staat verteilten Renten, es entwickeln sich ... Klientelstrukturen und es besteht die Gefahr pathologischer Verselbstständigung der politischen Elite. Im Ergebnis entstehen häufig ... ,sultanistische' Herrschaftssysteme mit aufgeblähten bürokratischen Apparaten und einem ebensolchen Polizei- und Sicherungssystem. Rentensysteme haben somit tiefgreifende Auswirkungen in politischer, wirtschaftlicher und sozialer Hinsicht. Sie stärken die Staaten gegenüber ihrer rudimentären Zivilgesellschaft bzw. gegenüber privaten Investoren und stabilisieren undemokratische, despotische Herrschaftsverhältnisse; auf ein produktives Investitionsklima für weltmarktfähige Produkte ... kann in der Regel verzichtet werden."

Hans Gebhardt: Rentierstaaten und politische Systeme in öl- und gasproduzierenden Ländern. In: Hans Gebhardt u.a. (Hrsg.): Geographie. 3. Auflage: Berlin: Springer 2020, S. 1219

Die Rentenstaatstheorie

Demokratie entsteht durch das Einfordern der Steuerzahlenden von Mitbestimmung (z. B. "Not Taxation without representation!")

Rentierstaaten entstehen, wo die Herrschenden Geld „von oben nach unten" verteilen können, z. B. aufgrund von Öleinnahmen ("Not Taxation = not representation!")

Nach M. Blume: Warum fließt Blut für Öl? Die Rentierstaatstheorie zum Fluch des schwarzen Goldes, auf SciLogs (spektrum.de), Dez. 2021

7

9

---

5 Beschreiben Sie die in Grafik 4 dargestellte Situation.

6 Erklären Sie die wirtschaftlichen Folgen rentenkapitalistischer Strukturen.

7 Erläutern Sie Zusammenhänge zwischen den rentenkapitalistischen Strukturen in der Wirtschaft und dem System eines „Rentenstaates".

8 Erörtern Sie, inwieweit das Scheitern des „Arabischen Frühlings" (S. 8–9) auf die Existenz „sultanistischer Herrschaftssysteme" in den einzelnen Staaten zurückzuführen ist.

1 Ressource Wasser als Entwicklungsfaktor und Konfliktpotenzial

„Der nächste Krieg im Nahen Osten wird nicht um Land oder Öl geführt werden, sondern um Wasser." Diese Prophezeiung von Boutros Ghali, im Jahre 1991 Staatsminister im ägyptischen Außenministerium und 1992–1996 UN-Generalsekretär, hat nichts an ihrer Brisanz eingebüßt. Zwar hat der befürchtete „Wasserkrieg" bis heute (noch) nicht stattgefunden, aber die Knappheit der Ressource Wasser verschärft die Spannungen im nordafrikanisch-vorderasiatischen Raum.

Hier leben gegenwärtig knapp 550 Mio. Menschen. Deren Zahl wird sich in den nächsten Jahrzehnten mehr als verdoppeln. Die wachsende Bevölkerung muss mit Trinkwasser, mit Nahrungsmitteln aus dem Bewässerungsfeldbau und mit Energie zum Beispiel aus Wasserkraftwerken versorgt werden.

Immer mehr Menschen müssen also mit immer weniger Wasser auskommen.

Auch für die übrige Wirtschaft ist Wasser ein entscheidender Entwicklungsfaktor. Die Wasserressourcen in diesem Trockenraum sind aber begrenzt. An ihrer Nutzung entzünden sich in steigendem Maße Konflikte.

Die Spannungen innerhalb einzelner Länder (z. B. Iran) oder zwischen einzelnen Staaten (z. B. Türkei und Syrien, Ägypten und Äthiopien) gefährden die Sicherheit der gesamten Region. Sie bedrohen damit auch den Weltfrieden.

Es ergibt sich die Frage nach Lösungsmöglichkeiten. Um sie zu beantworten, müssen die geographischen Grundlagen, Hintergründe und Interessen der Akteure analysiert werden.

1 Irakische Soldaten bewachen die Mossul-Talsperre

Kompetenzen erwerben

- Die Wassersituation in Nordafrika und Vorderasien beschreiben,
- sich daraus ergebende Konflikträume herausarbeiten,
- die naturgeographische Situation ausgewählter Konflikträume charakterisieren,
- Hintergründe der Wasserkonflikte am Nil und in Iran erläutern,
- völkerrechtliche Doktrinen zur Regelung der zwischenstaatlichen Wasserverteilung im Hinblick auf ihre Nachhaltigkeit bei der Friedenssicherung überprüfen,
- technische Lösungen bei der Überwindung von Wasserproblemen und Bewältigung von Wasserkonflikten im Hinblick auf ihre Nachhaltigkeit überprüfen,
- thematische Karten zielgerichtet analysieren.

2 Flusssysteme und Wasserkonflikte im Nahen Osten

Zwischenstaatliche Wasserkonflikte

- ★ GAP-Projekt (Türkei, Syrien, Irak)
- ★ Jordanbecken (Israel, Jordanien)
- ★ Disi-Aquifer (Jordanien, Saudi-Arabien)
- ★ Niloase (Ägypten, Sudan, Äthiopien)
- ★ Nubischer Aquifer (Libyen, Ägypten, Tschad, Sudan)

Bewässerungsland
○ Oase

Wasserverteilung pro Kopf der Bevölkerung (in 1000 m³)
- 1960
- 1990
- 2025

— Staatsgrenze
--- umstrittene Grenze, Waffenstillstandslinie

1.1 Wasser in Nordafrika und Vorderasien – eine knappe Ressource als Entwicklungsfaktor

3 Wasserstress in Nordafrika und Vorderasien
Nach Aqueduct, World Resources Institute: Water Risk Atlas, Washington, DC, 2019

Wasserstress (Anteil der jährlichen Wasserentnahme an der jährlichen durchschnittlichen Gesamtwasserverfügbarkeit): extrem hoch – hoch – mittel bis hoch – gering bis mittel – gering – arider Raum (geringe Wassernutzung); Staatsgrenze; umstrittene Grenze / Waffenstillstandslinie

Nordafrika und Vorderasien als Hotspots des Wassermangels

„Weltweit geraten immer mehr Regionen in den Wassernotstand – und dies gilt nicht mehr nur für traditionell aride Gebiete. Hauptursache dafür ist die steigende Übernutzung von Grundwasser und Oberflächenreservoiren durch Bewässerung, Industrie und Kommunen.

Wie es um die Wasserversorgung weltweit steht, haben nun Wissenschaftler des World Resources Institute (WRI) in Washington ermittelt. Ihr neuer Wasserrisiko-Atlas zeigt für 189 Länder, in welchem Verhältnis die Wasserentnahme zu Wassernachschub und Grundwasservorräten steht – und wie hoch dadurch das Risiko für Trockenheit und Wassermangel ist.

‚Wasserstress ist die größte Krise, über die kaum jemand spricht', sagt Andrew Steer, Leiter des World Resources Institute. ‚Seine Folgen in Form von Hunger, Konflikten, Migration und finanzieller Unsicherheit sind jedoch nicht zu übersehen.' Wie er und sein Team ermittelt haben, hat sich der weltweite Wasserverbrauch seit den 1960er-Jahren mehr als verdoppelt. Die Ressourcen jedoch sind nicht mitgewachsen.

Der Atlas enthüllt: In 17 Ländern ist der Wasserstress extrem hoch – ein Viertel der Weltbevölkerung ist davon betroffen. In diesen Ländern werden schon in einem normalen Jahr 80 Prozent der verfügbaren Wasserressourcen verbraucht. Kommt dann jedoch eine Hitzewelle oder längere Trockenzeit hinzu, droht ein dramatischer Wassermangel. Zudem steigt auch in diesen Gebieten der Wasserbedarf weiter an. Zu den 17 Ländern gehören vor allem Länder des Nahen Ostens und Nordafrika. Hier nähert sich die Wasserknappheit vielerorts einem ‚Day Zero', dem Zeitpunkt, zu dem fließendes Wasser nicht mehr verfügbar sein wird."

Nadja Podbregar: 17 Länder stehen kurz vor dem „Day Zero", vom 12.08.2019, auf https://www.scinexx.de/news/geowissen/17-laender-stehen-kurz-vor-dem-day-zero/, Dez. 2021

4

1 Charakterisieren Sie für drei ausgewählte Staaten Nordafrikas und Vorderasiens die Situation in der Wasserversorgung (Karte 3).

2 Stellen Sie mögliche Folgen eines „Day Zero" in unserem Untersuchungsraum dar.

D 4
Infoblatt
Wasserkonflikte

5 Dubai: Fountain am Burj Khalifa – auch eine Verwendungsmöglichkeit für Wasser aus Entsalzungsanlagen

6 Jemen: Wassergewinnung aus Brunnen

Wasserverteilung in Nordafrika und Vorderasien

„Niederschlags- und Wasserverteilung im Nahen Osten sind durch scharfe Gegensätze und das Nebeneinander von Wasserüberschussgebieten und Wüsten gekennzeichnet. Die Randgebirge des „Fruchtbaren Halbmondes" speisen Fremdlingsflüsse, welche die benachbarten Trockenräume durchqueren und dort traditionell die Grundlage für ausgedehnte Bewässerungskulturen bilden. Die vorderasiatischen und äthiopischen Gebirge bilden gewissermaßen die „Wassertürme" für die Landwirtschaft in der Wüste. Die Flusssysteme der Region unterscheiden sich erheblich in Größe und Abflussregime: Der Nil ist mit einem mittleren jährlichen Abflussvolumen von 84 Mrd. m³ bei Assuan der mit Abstand größte Fluss, während der Jordan, der seit Jahrzehnten im Mittelpunkt der israelisch-arabischen Auseinandersetzungen steht, im Mittel jährlich nur 1,2 Mrd. m³ Wasser führt, etwa so viel wie die Spreee in Berlin ...
In wirtschaftlicher Hinsicht ergeben sich Unterschiede durch den Grad der Abhängigkeit eines Landes von der Bewässerungslandwirtschaft, ausgedrückt in ihrem Beitrag zur nationalen Wertschöpfung, Ernährungssicherung und Beschäftigung. Der Agrarsektor in Ägypten beispielsweise ist fast vollständig auf den Nil angewiesen. In den niederschlagsreicheren Gebieten Vorderasiens dagegen kann ergänzend auch Regenfeldbau betrieben werden, und das reiche Saudi-Arabien schließlich verfügt über ausreichend technische Mittel zur Meerwasserentsalzung. Die Ölförderstaaten der Arabischen Halbinsel können ‚virtuelles Wasser' in Form von Lebensmitteln einführen, in den anderen Staaten dagegen vergrößert die Deckungslücke in der heimischen Nahrungsmittelproduktion das Außenhandelsdefizit."

Detlef Müller-Mahn: Wasserkonflikte im Nahen Osten – eine Machtfrage. In: Geographische Rundschau, 58. Jg., H. 2. Braunschweig: Westermann 2006, S. 40–41

7

Ägypten, Vereinigte Arabische Emirate (VAR; u. a. Dubai) und Jemen – ausgewählte Kennziffern 2021

	Ägypten	VAR	Jemen
Fläche (km²)	1 001 449	83 600	527 968
Anteil der Landwirtschaft an der Landnutzung (%)	3,6	4,6	44,5
davon			
Ackerland	2,8	0,5	2,2
Dauerkulturen	0,8	0,5	0,6
Weide	0,0	3,6	41,7
Bewässerungsland [km²]	36 500	923	6 800
Erneuerbare Wasserressourcen (Mrd. m³)	57,5	0,150	2,1
BNE/Kopf [US-$]	12 210	70 300	2 500
BNE nach Wirtschaftsbereichen (%)			
Landwirtschaft	11,7	0,9	20,3
Industrie	34,3	49,8	11,8
Dienstleistungen	54,0	49,2	67,9
Beschäftigte nach Wirtschaftsbereichen (%)			
Landwirtschaft	25,8	7,0	75
Industrie	25,1	15,0	ca. 25
Dienstleistungen	49,1	78,0	

Datenzusammenstellung nach CIA World Factbook 2021 und DSW-Datenreport 2021

8

3 Arbeiten Sie aus dem Quellentext 7 Grundaussagen heraus.

4 Erklären Sie vor dem Hintergrund der Ressourcenverfügbarkeit die wirtschaftliche Situation und den Entwicklungsstand der Beispielländer in den Materialien 6–8.

5 Gestalten Sie eine Präsentation zur Wassersituation in einem weiteren Land Nordafrikas oder Vorderasiens.

1.2 Wasserkonflikte

9 „Great Ethiopian Renaissance Dam" am Blauen Nil – nahezu vollendet

Wasser wird zum Regionalkonflikt in Nordafrika

„Die Reaktionen der Nachbarländer schwanken zwischen Sorge und Wut. Dass Äthiopien mit der zweiten Füllphase des großen Nildamms [Karte 12, S. 19] begonnen hat, sei ‚ein Verstoß gegen internationale Gesetze und Normen', sagt Kairo. Das sudanesische Außenministerium sprach sogar von einer ‚unmittelbaren Bedrohung'.
Der Streit um den ‚Grand Ethiopian Renaissance Dam' (GERD) spaltet die Region seit vielen Jahren. Es gab bereits Kriegsdrohungen und wiederholte Vermittlungsversuche, die letztlich alle erfolglos blieben …
Nun beginnen im äthiopischen Hochland die starken Sommerregen, was den Anlass gibt, mit der zweiten Füllphase zu beginnen – die erste fand vor einem Jahr [Sommer 2020] statt.
Gleichzeitig wird der anhaltende Streit Thema für den Sicherheitsrat der Vereinten Nationen. Laut einem tunesischen Resolutionsentwurf, der auf eine ägyptisch-sudanesische Initiative zurückgeht, soll die äthiopische Regierung aufgefordert werden, die Befüllung des Reservoirs einzustellen. Die drei Länder sind aufgerufen, wieder in Verhandlungen zu treten und innerhalb von sechs Monaten ein ‚verbindliches Abkommen' abzuschließen …
Diese Forderung, die Verhandlungsergebnisse abzuwarten, hat Äthiopien immer wieder ignoriert. Das GERD ist ein zentrales Projekt für die Energiesicherheit des Landes und seiner mehr als 110 Millionen Einwohner. Der zu 80 Prozent fertiggestellte Damm wird eines Tages das größte Wasserkraftwerk Afrikas und das siebtgrößte der Welt sein. Im Vollbetrieb soll die Jahresleistung – so der Plan im Jahr 2023 – bei 6 000 Megawatt liegen. Äthiopien könnte sogar Stromexporteur werden. Der Damm am Blauen Nil … ist 1,8 Kilometer lang und 145 Meter hoch. Das fünf Milliarden Dollar schwere Mammutprojekt startete 2011."

Wasser wird zum Regionalkonflikt in Nordafrika – Wem gehört der Nil?. MENA Reseach and Study Center vom 27.07.2021, auf https://mena-studies.org/de/, Dez. 2021

Wassernutzung in der Niloase – ein zwischenstaatlicher Konflikt

Wem gehört der Nil? – die vertragliche Situation

Bisher existieren zwei internationale Verträge über die Nutzung des Nilwassers. Im „Nile Waters Agreement" von 1929 sicherten die britischen Kolonialmacht dem gerade unabhängig gewordenen Ägypten ein Vetorecht gegen alle Wasserbauprojekte in den damaligen Kolonien bzw. Protektoraten Ostafrikas zu. Damit sollten ein ungestörter Wasserzufluss zu den ägyptischen Baumwollplantagen und damit auch günstige Rohstofflieferungen für die britische Textilindustrie sichergestellt werden.
Das Nilwasserabkommen von 1959 war Voraussetzung für den Bau des Assuan-Staudamms in den 1960er-Jahren. Es legte folgende Quotenregelung für die Verteilung und Nutzung der im Jahresdurchschnitt am Assuan-Damm gemessenen Menge von 84 Mrd. m³ Nilwasser fest:
– Ägypten 55,5 Mrd. m³,
– Sudan 18,5 Mrd. m³.
Das sind ca. 90 % der Gesamtmenge, der Rest verbleibt den übrigen Anrainern zur Nutzung.
Beide Verträge sehen die Oberlieger am Nil als überholt an. Sie hatten im Rahmen der „Nile Basin Initiative" (NBI), einem Zusammenschluss aller neun Anrainerstaaten (Eritrea fehlt), die Ausarbeitung eines neuen Rahmenvertrags vorangetrieben.

10

6 Charakterisieren Sie die naturgeographische Situation des oberen und unteren Niltales (Karte 12, S. 19).

D5 Infoblatt Nil/Assuan-Staudamm

D6 Kopiervorlage Niloase/„Neues Tal"

Dieser lag im Mai 2010 als Nile River Cooperative Framework Agreement unterschriftsreif vor. Er sieht neben der Aufhebung des ägyptischen Vetorechts ein koordiniertes Vorgehen aller Anrainer zur gemeinsamen effizienten und nachhaltigen Nutzung des Nilwassers sowie bei dessen gerechter Verteilung vor.

Ägypten und der Sudan aber bestehen auf dem Status quo und haben sich geweigert, dieses Abkommen zu unterzeichnen. Kommt es doch noch zur Kooperation oder sprechen eines Tages die Waffen?

Die sozioökonomische Situation der Anrainer

Entlang des Nil und seiner Zuflüsse leben gegenwärtig mehr als 400 Mio. Menschen. Die jährlichen Wachstumsraten in den einzelnen Ländern sind hoch. Die Bevölkerungsprojektionen für die nächsten Jahrzehnte müssten eigentlich sämtlichen verantwortlichen Politikern schlaflose Nächte bereiten: Bis zum Jahr 2025 ist die 500-Mio.-Grenze längst überschritten und bereits 25 Jahre später wird sich Bevölkerungszahl im Vergleich zu heute mehr als verdoppelt haben. Alle diese neuen Erdenbürger verlangen berechtigterweise nach ausreichender Ernährung, angemessener Bildung, existenzsichernden Arbeitsplätzen – und sie benötigen vor allem Wasser!

Ägypten ist dabei das von der Wasserknappheit im Nileinzugsgebiet am stärksten betroffene Land. Die Landwirtschaft spielt hier seit Jahrtausenden eine wichtige Rolle. Sie ist für die Bewässerung der Felder nahezu ausschließlich auf das Nilwasser angewiesen.

Mit dem Bau des Assuan-Staudammes sind die Voraussetzungen für eine intensive Landwirtschaft mit bis zu drei Ernten pro Jahr geschaffen worden. Die verfügbaren Mengen an Wasser reichen aber bereits jetzt nicht aus, um genügend Nahrungsmittel für die Bevölkerung zu produzieren. Sie müssen im Ausland eingekauft werden. Ihr Anteil an den Gesamtimporten liegt gegenwärtig bei ca. 15%. Der Selbstversorgungsgrad bei Getreide ist unter 60% abgesunken. Brotproduktion und Brotpreis sind aber für die politische Stabilität des Landes äußerst wichtige Faktoren.

Die Regierung in Kairo bemüht sich daher mit dem 1997 gestarteten gigantischen Projekt „Neues Niltal" Teile der südwestlichen Wüste in der Toshka-Region urbar zu machen. Hier sollen 175 000 ha Wüstenland zum Grünen gebracht werden Das Wasser aber wird aus dem Nasser-Stausee entnommen und über ein Kanalsystem in die Wüste geleitet.

Alle anderen Anrainerstaaten erheben ebenfalls Ansprüche auf zusätzliche Nutzungen des Nilwassers, um ihre rasch wachsende Bevölkerung zu versorgen. Ihnen geht es darum, Bewässerungsprojekte zur Intensivierung ihrer Landwirtschaft oder Staudammbauten zur Regulierung des Wasserabflusses bzw. zur Stromgewinnung in Angriff zu nehmen.

→ Lösungsansätze für Wasserkonflikte Seiten 22/23

Die Konfliktparteien: ausgewählte Kennziffern zur sozioökonomischen und wasserwirtschaftlichen Situation 2020

	Äthiopien	Südsudan	Sudan	Ägypten
Einwohner (Mio.)	117,8	11,4	44,9	102,3
Natürliche Wachstumsrate der Bevölkerung (% pro Jahr)	2,6	2,4	2,4	1,7
Bevölkerungsprognose 2050 (Mio. Ew.)	208,3	20,0	81,2	142,9
BNE/Kopf (KKP-$)	2140	1080	3970	12210
BNE nach Wirtschaftsbereichen (%)				
Landwirtschaft	48,8	k. A.	32,0	13,8
Industrie	12,9		32,8	41,1
Dienstleistungen	38,3		35,2	45,1
Lebenserwartung (Jahre)	68	58	66	75
HDI 2019 (Rang von 189 Staaten)	0,485 (173)	0,433 (186)	0,510 (170)	0,707 (116)
Natürliche Wasserressourcen (m³/Person und Jahr) davon				
erneuerbare insgesamt*¹/²	1062	4420	863	596
erneuerbare interne insgesamt** ¹/²	1062	2383	91	10

*¹ erneuerbare Wasserressourcen eines Landes insgesamt: Gesamtmenge der internen und der von außerhalb des Landes zufließenden Wassermengen
*² zum Vgl. Deutschland 1849
**¹ erneuerbare interne Wasserressourcen: durchschnittliche Durchflussmenge pro Jahr von Flüssen und Auffüllung des Grundwasserkörpers durch Niederschlag innerhalb des Landes
**² zum Vgl. Deutschland 1289

Zusammenstellung nach DSW-Datenreport 2021, Bericht über die menschliche Entwicklung 2020, CIA World Fact Book, Knoema, Aug. 2020

11

---

7 Erklären Sie die unterschiedliche Verfügbarkeit über natürliche Wasserressourcen (Tabelle 11 und Karte 12, S. 19).

8 Vergleichen Sie die Positionen der am Nilwasserkonflikt beteiligten Staaten.

9 Begründen Sie diese Positionen mithilfe der Kennziffern in Tabelle 11 und mit Karte 12, S. 19.

TERRA METHODE

Grundsätzlich unterscheidet man in der Geographie Physische Karten und Thematische Karten. Beide gehören neben Diagrammen und Tabellen zu den geographischen Standard-Materialien im Unterricht. Thematische Karten beschäftigen sich, wie der Name schon sagt, mit einem bestimmten Thema, das räumliche Relevanz besitzt.

Hierzu gehören z. B. Wirtschaftskarten, Karten der Bevölkerungsverteilung bzw. -dichte, Vegetationskarten oder Karten, die anhand von bestimmten Indikatoren globale oder regionale Disparitäten aufzeigen.
Auch im vorliegenden Band finden Sie eine Reihe Thematischer Karten. Sie reichen von themengesteuerten Regionalkarten bis hin zur Oasenkartierung.

Thematische Karten analysieren

Die folgenden Schritte sollen für Sie ein Leitfaden sein für die Analyse von Thematischen Karten. Dabei gibt es drei zentrale Ziele:
- die für einen Raum dargestellten bedeutsamen Strukturen erkennen;
- Beziehungen zwischen den einzelnen Elementen erfassen;
- auf dieser Basis wichtige Schlussfolgerungen für den Raum und die Menschen in ihm ziehen.

Schritte für die Analyse Thematischer Karten

1. Schritt: Formales/Orientierung

Es geht bei diesem Schritt darum, die Karte thematisch und topographisch einzuordnen. Dabei können folgende Leitfragen helfen:
- Was ist das Thema der Karte? Gibt der Kartentitel hierzu Informationen?
- Wo liegt der dargestellte Raum (topographische Einordnung, z. B. mithilfe von Atlas oder Internet)?
- Welches ist der Maßstab der Karte? Wie groß ist daraus folgend ungefähr der Raum(-ausschnitt)?
- Lässt sich eine Aussage zum zeitlichen Stand der Karte machen?

2. Schritt: Beschreibung

Vermeiden Sie eine Beschreibung, die sich darauf beschränkt, entlang der Legende aus der Karte Fakten herauszulesen und diese ungeordnet aufzulisten. Der Operator „Beschreiben" verlangt nämlich, dass auf der Grundlage eigener Kenntnisse Informationen aus vorgegebenem Material herausgearbeitet werden und man diese strukturiert und fachsprachlich angemessen darstellt.
Unter dem zentralen Aspekt einer strukturierten Darstellung können die Leitfragen lauten:

- Sind besondere Auffälligkeiten zu erkennen?
- Gibt es räumliche Häufungen von Legendenelementen?
- Lässt sich vor dem Hintergrund dieser beiden Fragen im Gesamtraum ein Verteilungsmuster erkennen?
- Handelt es sich beim Dargestellten um einen Ist-Zustand oder sind Entwicklungsprozesse erkennbar?

3. Schritt: Erklärung

Nachdem die Beschreibung ein strukturiertes Bild des Raums erbracht hat, müssen die dargestellten Aspekte und ihre kausalen Zusammenhänge erklärt werden. Um diesen dritten Schritt durchzuführen, müssen Sie in der Regel Ihr Vorwissen anwenden oder Informationen aus anderen Quellen hinzuziehen. So erhalten Sie zur Thematischen Karte 12 auf der Nachbarseite wichtige Vorinformationen auf den Seiten 16/17.
Hilfsfragen für den Erklärungsschritt sind z. B.:
- Welche Ursachen gibt es für die dargestellten natürlichen oder anthropogenen Phänomene?
- Welche Zusammenhänge bestehen zwischen einzelnen Aspekten und Formen?
- Wie lassen sich vorhandene räumliche Verteilungsmuster erklären?

4. Schritt: Bewertung

Das in der Thematischen Karte Dargestellte lässt Schlussfolgerungen für Mensch und Raum zu. Entsprechend heißen die Untersuchungsfragen:
- Welche Konsequenzen haben die Analyseergebnisse für den Raum und die Menschen?
- Ergeben sich daraus Herausforderungen bzw. Handlungsansätze für die Menschen?
- Werden Risiken und Chancen sichtbar?

5. Schritt: Präsentation

Gestalten Sie zu Ihren Ergebnissen einen kleinen Vortrag (Text, Diagramme, Fotos; Fazit).

10 Analysieren Sie mithilfe der angegebenen Schritte die thematische Karte 12. Dabei helfen Ihnen auch die Arbeitsaufträge 6–9 auf den S. 16/17.

12 Wasserführung des Nils – Niederschlag, Wasserabfluss und Verdunstung

1.2 Ressource Wasser als Entwicklungsfaktor und Konfliktpotenzial

13 Iran – jährliches Niederschlagsmittel
Nach https://www.yieldgap.org/Iran, Dez. 2021

← Karte Wasserstress Nordafrika und Vorderasien
Seite 14

Wassernutzung im Iran – innerstaatliche Wasserkonflikte

Der Iran gehört insbesondere in seinen zentralen Teilen zu den ausgesprochenen Trockengebieten dieser Erde. Die Gebirgsketten des Zagros im Westen bzw. Südwesten und des Elburs im Norden behindern den Zustrom feuchter Luftmassen ins innere Hochland. Der durchschnittliche Jahresniederschlag des Landes liegt mit 228 Millimetern weit unter den Mittelwerten anderer Länder. Nur entlang der Randgebirge sind höhere Werte zu verzeichnen.

Das Land ist von einer akuten Wasserkrise betroffen, die sich in den letzten drei Jahrzehnten immer mehr verschärft hat. Drei Viertel des Landes sind von extrem hohem Wasserstress betroffen, nahezu 97 % der Oberflächengewässer sind versiegt oder ausgetrocknet. Wichtigste Versorgungsgrundlage ist das aus den Randgebirgen zufließende **Grundwasser**. Aber auch das wird immer knapper. Dieser aktuell herrschende Wassermangel ist nicht allein durch die limitierenden natürlichen Faktoren zu erklären.

Ursachen der Wasserkrise

„Ich sehe drei Hauptgründe. Erstens das rasante Bevölkerungswachstum ab den 1970er-Jahren verbunden mit der räumlichen Verteilung der Menschen. Innerhalb weniger Jahrzehnte hat sich die Einwohnerzahl Irans mehr als verdoppelt. Das bedeutet bis heute eine enorme Herausforderung für die Wasserversorgung. Vor allem, weil der Großteil der Einwohner und Einwohnerinnen in Städten lebt mit geringen Wasserressourcen, wie Teheran, Isfahan, Maschhad und anderen.

Der zweite Grund ist die ineffiziente Landwirtschaft: Dieser Sektor ist hoch subventioniert, aber nicht produktiv. Die Landwirtschaft sichert nicht allein die Lebensmittelversorgung, sondern auch viele benötigte Jobs.

Aber der dritte und entscheidende Grund ist Missmanagement. Iran erlebte 1979 eine Revolution. Danach folgten acht Jahre Krieg mit dem Nachbarland Irak. In den vergangenen vier Jahrzehnten war Iran in Konfrontation mit dem Rest der Welt und fühlte sich allein gelassen mit den internationalen Sanktionen. Das Land gab sich ein eigenes Entwicklungsmodell, das jedoch nicht nachhaltig ist. Man hat sich dafür gefeiert, dass man mehr und mehr Dämme baut, um Wasser zu verteilen – mehr Infrastruktur galt als eine Antwort auf den Wassermangel. Doch diese Mentalität hat uns in diese kritische Situation gebracht: Probleme des Wassermanagements lassen sich nicht allein durch Technik lösen …

Wir neigen dazu, den Klimawandel für alles verantwortlich zu machen. Er ist eine große Gefahr und wir müssen alles dafür tun, um ein Bewusstsein dafür zu schaffen – aber wir müssen vorsichtig sein, nicht alles zu ‚klimatisieren' …

Der Klimawandel hat das Problem sicherlich verstärkt, wird es weiter verstärken und kann katastrophale Folgen haben: Aber alles im Kontext des Klimawandels zu betrachten bedeutet, dass man die Komplexität vor Ort nicht vollständig erkennt.

Wir sprechen vom ‚Aralsee-Syndrom'… Das gleiche erleben wir in Iran, wenn es um die verschiedenen Feuchtgebiete geht: Wasser wurde umgeleitet und gespeichert, wodurch viele Feuchtgebiete austrockneten. Das bekannteste Beispiel dafür ist der See Urmia im Nordwesten Irans. Aber auch andere Feuchtgebiete trockneten aus; auch jene im Südwesten Irans."

Kaveh Madani: Irans Wasserkrise: Missmanagement und anhaltende Konflikte, auf https://www.bpb.de/internationales/asien/iran/316161/interview-irans-wasserkrise, Dez. 2021

14

Khusestan – Missmanagement, Konflikte und Proteste

„Besonders schwer betroffen [von extremer Wasserknappheit] ist die an den Irak grenzende Provinz Khusestan am Persischen Golf. Dort haben viele Menschen nicht einmal mehr Wasser zum Trinken ... In Khusestan leben überwiegend schiitische Araber, die sich als Minderheit seit Langem von der Zentralregierung diskriminiert fühlen. Es gibt dort starke Unabhängigkeitsbestrebungen und separatistische Gruppen, die Teheran teilweise als Terroristen einstuft. Zugleich liegen in der Provinz das mit Abstand größte Ölfeld des Landes und 60 Prozent der Erdgasreserven, die wichtigsten Einnahme- und Devisenquellen des Staates...

Projekte der Regierung verschärfen die Krise: Den Karun, wichtigster Fluss der Region und wasserreichster des ganzen Landes, der zur Trinkwassergewinnung und zur Bewässerung der Felder und Plantagen dient, hat sie in mehreren Talsperren aufstauen lassen. Einen guten Teil des Wassers leitet der Staat um für Industrieprojekte weiter im Norden und in die ebenfalls unter Wasserknappheit leidende zentraliranische Provinz Isfahan.

Der Zayandeh-Rud, auf Deutsch der ,Lebensspender-Fluss', wasserstärkster im zentralen Hochland, fällt seit Jahren regelmäßig trocken. Auch in Isfahan hatte es vor zwei Wochen Proteste von Bauern wegen der Wasserknappheit gegeben: Um sie zu beruhigen, hatte die Regierung Wasser in den Zayandeh-Rud abgelassen. Das Staatsfernsehen zeigte, wie es unter Isfahans berühmten historischen Brücken hindurchfließt.

In Khusestan befeuerte das die Wahrnehmung, dass die Stau-Projekte gegen die arabischsprachige Minderheit gerichtet sind und andere Provinzen mit persischsprachiger Bevölkerung auf ihre Kosten bessergestellt würden. Eigentlich ist Khusestan die wasserreichste Provinz Irans. Die Bewohner hatten 2013 schon gegen die Umleitung des Karun protestiert, weil sie um ihr Trinkwasser fürchteten und um ihren Lebensunterhalt: Khusestan ist bekannt für die größten Dattelplantagen in Iran, es werden Zitrusfrüchte, Getreide und Zuckerrohr angebaut. Viehzucht und Landwirtschaft bieten vielen Menschen in der stark von Armut und Arbeitslosigkeit betroffenen Provinz ein Einkommen."

Paul-Anton Krüger: Die ausgetrocknete Provinz. In: Süddeutsche Zeitung vom 21.07.2021

15

Iran – ausgewählte Kennziffern zur soziökonomischen und wasserwirtschaftlichen Situation 2020/21

	Iran
Einwohner (Mio.)	85,0
Natürliche Wachstumsrate der Bevölkerung (% pro Jahr)	1,0
Bevölkerungsprognose 2050 (Mio. Ew.)	94,6
BNE/Kopf (KKP-$)	13 150
BNE nach Wirtschaftsbereichen (%)	
Landwirtschaft	11,0
Industrie	45,3
Dienstleistungen	43,7
Lebenserwartung (Jahre)	77
HDI 2019 (Rang von 189 Staaten)	0,783 (70)
Natürliche Wasserressourcen (m³/Person und Jahr)	
davon: erneuerbare insgesamt*	1 628
erneuerbare interne insgesamt**	1 532

* erneuerbare Wasserressourcen eines Landes insgesamt: Gesamtmenge der internen und der von außerhalb des Landes zufließenden Wassermengen
** erneuerbare interne Wasserressourcen: durchschnittliche Durchflussmenge pro Jahr von Flüssen und Auffüllung des Grundwasserkörpers durch Niederschlag innerhalb des Landes

Zusammenstellung nach DSW-Datenreport 2021, Bericht über die menschliche Entwicklung 2020, CIA World Fact Book, Knoema, Aug. 2020

16

17 Der Urmia-„See" heute

Die Reaktion des Staates

„Bereits im Sommer 2018 fanden in mehreren iranischen Städten Demonstrationen gegen die Wasserknappheit statt. Im Oktober und November desselben Jahres protestierten hunderte Landwirte über 40 Tage in den Außenbezirken von Isfahan gegen Misswirtschaft im Umgang mit Wasser. In Kazeroon in der Provinz Fars und in Chorramshahrin in der Provinz Khuzestan wurden damals sogar Schüsse auf die Bauern abgefeuert und eine Person getötet. Im Februar 2019 enthüllte ein Abgeordneter, dass der Oberste Wasserrat und der Oberste Nationale Sicherheitsrat Medien angewiesen hatten, zu dem Thema zu schweigen."

Internat. Ges. f. Menschenrechte (IGFM) – Dt. Sektion, 31.5.21: Wasserkrise im Iran: Iranische Regierung unterdrückt Bauernproteste gegen illegale Wassernutzung, igfm.de, Dez. 2021

18

11 Beschreiben Sie die Niederschlagsverhältnisse im Iran.

12 Arbeiten Sie Ursachen der iranischen Wasserkrise heraus.

13 Erläutern Sie die Interessen und Positionen der verschiedenen Konfliktparteien.

1.3 Lösungsansätze für Wasserkonflikte

Das Prinzip des grenzüberschreitenden Wassermanagements

Nach Jörg Barandat (Hrsg.): Wasser – Konfrontation oder Kooperation. Baden-Baden: Nomos 1997, S. 21

19

Politische Lösungen

1992 Helsinki: Internationale Wasserkonvention

Übereinkommen zum ökologischen Schutz bei der Nutzung grenzüberschreitender Wasserläufe

2002 Johannisburg: Weltgipfel „Rio plus 10"

Ziel bis 2015: Halbierung des Anteils der Menschen ohne sicheren Zugang zu Trinkwasser

2015 New York: „Agenda 2030"

17 Sustainable Development Goals (SDGs) – Ziel 6: Verfügbarkeit und nachhaltige Nutzung von Wasser für alle gewährleisten

Um zwischenstaatliche Wasserkonflikte zu entschärfen oder zu vermeiden, sind länderübergreifende Kooperationen und völkerrechtliche Abmachungen unerlässlich.

Das Völkerrecht bietet hierfür allerdings unterschiedliche Ansätze. Hier haben sich vier Doktrinen entwickelt, auf deren Grundlage grenzüberschreitende Wasserressourcen verteilt werden sollen. Bis zum Beginn des 20. Jh. galt insbesondere im Osmanischen Reich das „Prinzip der rechtlichen Gemeinschaft". Sie sah das unbegrenzte Gemeineigentum aller Flussanlieger vor. Diese Rechtsauffassung konnte nur so lange praktikabel bleiben, wie ausreichend Wassermengen für alle Nutzer zur Verfügung standen. Mit der zunehmenden Wasserknappheit verlor sie ihre Gültigkeit.

Bei der Suche nach Lösungen bestimmen aber Interessengegensätze die jeweils zugrundegelegten Doktrinen. Klassische Oberlieger wie die Türkei vertreten das „Prinzip der absoluten Souveränität". Das sieht das alleinige Nutzungsrecht des Staates vor, auf dessen Territorium sich ein Gewässerabschnitt befindet. Unterliegerstaaten wie der Irak berufen sich dagegen auf das „Prinzip der absoluten Integrität". Sie fordern einen gerechten Anteil am Durchfluss eines Gewässers.

Übereinkommen über das Recht der Nutzung internationaler Wasserläufe

Kurztitel	UN-Gewässer-Konvention
Titel (engl.):	Convention on the Law of the Non-Navigational Uses of International Watercourses
Verabschiedung	21. Mai 1997
Inkrafttreten	17. August 2014

Wichtige Eckpunkte des Übereinkommens:

Artikel 5 sieht vor
- gegenseitige Rücksichtnahme in Bezug auf die Wasserversorgung aller Vertragsstaaten
- Vermeidung negativer Auswirkungen für die Mitnutzerstaaten durch Veränderungen an den Wasserläufen
- nachhaltige Nutzung der Wasserläufe

Artikel 6 verlangt
  gerechte Verteilung der Wassernutzung unter Berücksichtigung z. B. der Bevölkerungsgröße

Artikel 9, 11 und 12 beziehen sich auf
  die rechtzeitige Information über geplante Nutzungsänderungen

Artikel 19 erlaubt
  im Falle äußerster Dringlichkeit den sofortigen Eingriff und die außerordentliche Nutzung der Wasserläufe. Bei dadurch hervorgerufenen extremen Nachteilen für die Mitnutzerstaaten müssen Verhandlungen über einen Kompromiss stattfinden. Wird keine Einigung erlangt, kann der Internationale Gerichtshof eingeschaltet werden.

Nach Wikipedia: Übereinkommen über das Recht der Nutzung internationaler Wasserläufe, Dez. 2021, gekürzt

20 UN-Gewässer-Konvention

Beide Doktrinen sind unvereinbar. Gefragt sind deshalb Verhandlungslösungen mit Kompromissbereitschaft auf allen Seiten nach dem „Prinzip der beschränkten Souveränität". Das fordert gegenseitige Rücksichtnahme und Interessenausgleich. Völkerrechtliche Grundlage hierfür sind verschiedene UN-Konventionen.

---

14 Beschreiben Sie das „Prinzip eines grenzüberschreitenden Wassermanagements" (Grafik 19)

15 Erstellen Sie auf Grundlage einer Internetrecherche eine tabellarische Übersicht zu völkerrechtlichen Doktrinen, welche die zwischenstaatliche Wasserverteilung regeln.

→ Karte Flusssysteme und Wasserkonflikte im Nahen Osten Seite 13

EUPHRAT:
Mittlerer Durchfluss: 29,5 Mrd. m³/Jahr = 934 m³/s
Davon:
an Syrien 1987 zugesagtes Minimum: 15,8 Mrd. m³/Jahr = 500 m³/s;
von Syrien gefordert: 22,1 Mrd. m³/Jahr = 700 m³/s

1987 Vereinbarung: an Syrien 42%, an Irak 58% des Mindestabflusses

TIGRIS:
Mittlerer Durchfluss: 20,3 Mrd. m³/Jahr = 643 m³/s,
davon von der Türkei beansprucht: 2,6 Mrd. m³/s = 82 m³/s (≙ 13%)

Wasserbedarf des GAP: 14 – 18 Mrd. m³/Jahr = 440 – 570 m³/s

21 Das Südostanatolienprojekt (GAP = türk. Güneydoğu Anadolu Projesi)

Versuch einer Konfliktlösung

Diplomatischer Ansatz

„Der Irak [hat] mit der Türkei 1946 ein Abkommen über die Regulierung der beiden Flüsse [Euphrat und Tigris] geschlossen, aber dort nur vereinbart, dass der Irak über den Wasserstand und geplante Vorhaben unterrichtet werden sollte. 1980 kam es zu einem weiteren Abkommen über technische Zusammenarbeit, dem auch Syrien beitrat. Einseitig, aber ohne Abkommen garantierte die Türkei einen Durchfluss von 500 Kubikmeter pro Sekunde [für den Euphrat]. Syrien und Irak vereinbarten aufgrund der türkischen Zusage, dass der Irak 58 Prozent und Syrien 42 Prozent der Wassermenge erhält … Die Türkei besteht aber auf der absoluten Souveränität über die Ressourcen des Landes. Dazu werden nicht nur Öl, Gas oder Mineralien, sondern eben auch das Wasser gezählt, das in den Flüssen fließt. Das wird allerdings nach internationalem Recht bestritten. Nach dem Prinzip 21 der Erklärung der Konferenz der Vereinten Nationen über die Umwelt des Menschen von 1972 wird jedem Land zwar die Souveränität zur Ausbeutung der eigenen natürlichen Ressourcen zugesprochen, solange diese nicht die Umwelt anderer Staaten oder Gebieten über die nationale Rechtsprechung hinaus schadet. Aber es gibt keine wirkliche Regelung, was die Haltung der Türkei oder die der stromaufwärts gelegenen Länder begünstigt."

Florian Rötzer vom 06.08.2018: Türkei – Syrien – Irak im Krieg um Wasser. Auf Telepolis = https://www.heise.de/tp/features/Tuerkei-Syrien-Irak-im-Krieg-ums-Wasser-4129501.html, Dez. 2021

22

Machtpolitische Interessen

„Seit ein paar Wochen sei der Wasserstand des Euphrat deutlich niedriger als sonst, berichtet Schirwan Schado, Betriebsleiter am Tishreen-Staudamm. Der Tishreen-Staudamm ist Syriens zweitgrößter Staudamm. Millionen Menschen verwenden den dort produzierten Strom. Normalerweise sind das geschätzt etwa 800 Megawatt Strom. Doch gerade sind es einem Bericht zufolge nur noch ein Viertel davon. Der Euphrat selbst ist für viele die Hauptwasserquelle, sie bewässern mit ihm ihre Felder …
Der Grund für den Wassermangel liegt … in der Türkei, wo der Euphrat seinen Ursprung hat … 1987 kam es zwischen der Türkei und Syrien zu einer Einigung … Ankara versicherte dem … syrischen Präsidenten Hafis al-Assad, dass Syrien pro Sekunde 500 Kubikmeter Wasser aus dem Euphrat bekommen werde. Assad wiederum versprach der Türkei, die sogenannte Arbeiterpartei Kurdistans (PKK) nicht mehr zu unterstützen – Ankaras Erzfeind. Die türkische Regierung scheint die politischen Krisen in Syrien und im Irak nutzen zu wollen, um schnell die schon lange geplanten Dämme am Euphrat und Tigris fertig zu bauen, zuletzt den Ilisu-Damm … Dazu fällt auf, dass in Syrien hauptsächlich die Gebiete betroffen sind, die unter der syrisch-kurdischen Selbstverwaltung stehen, in der die PKK eine wichtige Rolle spielt und gegen die Erdogan in Syrien und im Irak Krieg führt."

Raniah Sallum: Türkei dreht Syrien das Wasser ab. In: DER SPIEGEL vom 02.08.2020

23

16 Fallbeispiel Südostanatolien-Projekt
a) Arbeiten Sie aus Karte 21 Informationen zu folgenden Aspekten heraus: Lage, hydrologische Situation und Zielsetzung.
b) Charakterisieren Sie den diplomatischen Ansatz einer Konfliktlösung.
c) „Wasserstreit am Euphrat – kaum Chancen für eine politische Lösung." Diskutieren Sie diese Aussage.

1.3 Ressource Wasser als Entwicklungsfaktor und Konfliktpotenzial

24 Wüste Negev (Israel) – computergesteuerte Bewässerung

25 Wasseraufbereitung: Pflanzenkläranlage

Technische Lösungen

„Die Verfügbarkeit und nachhaltige Bewirtschaftung von Wasser für alle gewährleisten." So beschreibt die „Agenda 2030" im **Sustainable Development Goal (SDG)** 6 die sozialen, ökologischen und wirtschaftlichen Ziele einer nachhaltigen Wassernutzung und Wasserversorgung. Wie lässt sich dieses ehrgeizige Vorhaben im Trockenraum Nordafrikas und Vorderasiens verwirklichen?

Effizientere Wassernutzung in der Landwirtschaft

Die Landwirtschaft weist mit knapp 70 % den größten Anteil am globalen Wasserverbrauch auf. In Ländern des Globalen Südens liegt dieser Wert sogar bei 85–90 %. Der Wirkungsgrad des für den Bewässerungsfeldbau eingesetzten Wassers ist dabei in den meisten Regionen noch sehr niedrig, sodass sich in diesem Bereich das größte Einsparungspotenzial bietet.

Eine Erhöhung der landwirtschaftlichen Wasserproduktivität setzt bei den unterschiedlichen Methoden an, die weltweit beim Bewässerungsfeldbau angewandt werden. So kann z. B. bei der Beregnungsbewässerung (Sprühtechnik mithilfe von ortsfesten „Sprinklern" oder „Karussells") durch den Einsatz der LEPA-Technik (Low Energy Precision Application) eine Wasserausnutzung von 98 % erreicht werden. Hierbei wird das Wasser mit geringem Druck unmittelbar an die Applikation gesprüht, was gleichzeitig den Energieverbrauch senkt. Und bei der Tröpfchenbewässerung wird inzwischen nicht nur die Zufuhr von Wasser, sondern auch von Nährstoffen durch Sensoren und Computer gesteuert (Foto 24). Bei diesem sparsamen, gezielten Einsatz ist auch die Verwendung von Brackwasser möglich. Bei solchen Systemen liegt der Wirkungsgrad inzwischen bei ca. 95 %. Ihr Einsatz erfordert aber umfangreiche Investitionen.

Eine Vorreiterrolle beim effizienten Umgang mit der kostbaren Ressource Wasser hat in Vorderasien Israel übernommen. Unter dem Schlagwort „Managing every drop" ist es dem Land gelungen, das Problem der Wasserversorgung zu lösen. Eine wichtige Rolle spielt dabei die Verwendung von „Grauwasser", also aufbereiteten Abwässern.

Sauberes Wasser für Jordanien

„[In] Jordanien … versickert das Abwasser häufig ohne Aufbereitung und kontaminiert die wenigen Trinkwasserquellen … Problematisch ist die Situation vor allem für ländliche Gebiete, wo es keine großen Abwasseranlagen gibt wie in Amman. ‚Im Hochland, auf kleinen Farmen außerhalb der Stadt, gibt es diese Option nicht. Dort brauchen wir dezentralisierte Wasseraufbereitungsanlagen, wo zwei drei Farmen sich zusammenschließen, das Abwasser aufbereiten und wiederverwenden können', sagt Naser Almanaseer von der Al-Balqa Applied University in Al-Salt.

Der Wasseringenieur betreibt hier neun verschiedene Abwasseranlagen oder Systeme, die auch hintereinandergeschaltet werden können. Das internationale Forscherteam zapft das Abwasser von Fuheis an, speist damit seine Anlagen, bereitet dieses in verschiedenen Qualitäten auf und verwendet es …, etwa für eine Zitronenplantage …

‚Ich habe ein System hier entwickelt, das täglich zwei Kubikmeter Wasser aufbereitet. Das wurde nun in größerem Maßstab umgesetzt und bereitet zum Beispiel für die Direktion für öffentliche Sicherheit Jordaniens täglich 150 Kubikmeter Wasser auf.' Landesweit gibt es mittlerweile rund 50 Anlagen, in denen das Wasser aufbereitet wird. Dies gibt zwar Anlass für Optimismus, jedoch sind die Aufgaben nach wie vor gewaltig. Denn … die Bevölkerung wächst stetig, nicht zuletzt, da Jordanien hunderttausende syrische Flüchtlinge aufgenommen hat."

Michael Stang: Dezentrale Abwassersysteme – Sauberes Wasser für Jordanien. Deutschlandfunk vom 29.10.2018, auf https://www.deutschlandfunk.de, Dez. 2021

26

17 Charakterisieren Sie die drei vorgestellten technischen Lösungen.

Meerwasserentsalzung

Persischer Golf: Trinkwasser aus dem Meer

Aus den Gewässern des Persischen Golfes gewinnen die Anlieger gegenwärtig jeden Tag über 20 Mio. m³ Trinkwasser. Saudi-Arabien versorgt seine Bevölkerung, seine Industrie und Landwirtschaft, die Wohngebiete, viele üppige Grünanlagen und Wasserspiele bereits zu 70 % mit Trinkwasser aus dem Meer. Entlang der Küsten gibt es mehr als 200 Entsalzungsanlagen. Trotz aller ökologischer Bedenken soll weiter kräftig aufgestockt werden. Die V.A.E. haben angekündigt, ihre Kapazität zu verdoppeln. Die derzeit weltweit größte Anlage liegt etwa 40 km südwestlich von Dubai. Der „Dschabal Ali-Komplex" produziert in seinem gas- und ölgefeuerten Kraftwerk nicht nur 8,6 GW Strom, sondern verarbeitet täglich auch zwei Milliarden Liter Meerwasser zu Trinkwasser - das Volumen von etwa 800 Olympischen Schwimmbecken.

Trinkwassergewinnung aus dem Meer erfordert einen hohen Kapitalaufwand – und sie steht massiv in der Kritik (Materialien 28 und 30). Aber welche Alternative hat man in den Trockengebieten des Nahen Ostens? Die Grundwasservorkommen wurden hemmungslos ausgebeutet, das Bewusstsein für nachhaltigen Umgang mit Wasserressourcen ist noch kaum entwickelt. Die hohen Exporterlöse bei energetischen Rohstoffen liefern genügend Kapital für die Errichtung teurer Meerwasserentsalzungsanlagen – und verführen zu einem weitgehend sorglosen Umgang mit der Ressource Trinkwasser.

27

29 Meerwasserentsalzung am Persischen Golf

Die Umweltwirkung

„Neben den hieraus resultierenden hohen CO_2- und Luftschadstoffemissionen steht insbesondere die salzige Restlösung, die als Abfallprodukt bei allen Entsalzungsanlagen anfällt, in der Kritik. Diese enthält zudem betriebsbedingte Chemikalienrückstände sowie korrosionsbedingte Schwermetalle und besitzt eine höhere Temperatur sowie eine andere Dichte als das Meerwasser. Die Restlösung fließt zumeist ungeklärt in das Meer zurück, wo sie Schäden an den empfindlichen marinen Ökosystemen verursacht".

Kai Zimmermann vom 18.08.2015: Herkunft des Wassers für die Landwirtschaft in Saudi-Arabien, auf www.klett.de/terrasse, Dez. 2021

30

Meerwasserentsalzung – kostspieliges Nebenprodukt der Energieerzeugung

„Die acht Verdampfungskammern … sind die Herzen von Dschabal Ali … Das kühle Meerwasser fließt über ein Rohr zu einem Erhitzer. Hier treffen der heiße Dampf aus der Stromproduktion und das kühle Meerwasser zusammen, getrennt durch eine dünne Oberfläche. Dadurch erhitzt sich das Meerwasser auf 115 Grad Celsius. Das heiße Meerwasser fließt anschließend durch mehrere Kammern in die umgekehrte Richtung zurück. In den Kammern herrscht Unterdruck, dadurch verdampft das Wasser schlagartig. Der gereinigte Dampf kondensiert an dem kühlen Rohr …

Das vom Salz gereinigte Kondensat fangen kühlere Rohrleitungen an den Decken auf, während eine salzhaltige Brühe unten zurückbleibt und später wieder ins Meer fließt … Die Trennung basiert einzig auf brachialer Hitze, die aber erst einmal erzeugt werden muss. Deshalb sind die Entsalzungseinheiten mit einem Kraftwerk gekoppelt, in dessen Heizkessel Öl und Gas verbrennen und einige Dampfturbinen antreiben. Dabei entstehen zwei Gigawatt Elektrizität, die Leistung zweier Atomkraftwerke, und überschüssiger Dampf, mit dem sich noch das Meer entsalzen lässt. Trinkwasser ist also nur eine Art Nebenprodukt in diesem Prozess, allerdings ein ziemlich teures. Meerwasser zu verdampfen ist mit Abstand die kostspieligste Methode, Trinkwasser zu gewinnen."

Christoph Behrens: Meerwasserentsalzung – Wie Dubai dem Meer Trinkwasser abringt. In: Süddeutsche Zeitung vom 22.08.2017

28

---

18 Erläutern Sie die Funktionsweise von Meerwasserentsalzungsanlagen am Arabisch-Persischen Golf.

19 Erörtern Sie das Lösungspotenzial der drei vorgestellten technischen Maßnahmen zur Bewältigung der Wasserknappheit (mögliche Gesichtspunkte: Finanzierbarkeit, Wirksamkeit, Nachhaltigkeit …).

2 Entwicklungsprozesse in der Landwirtschaft

Noch vor rund 10 000 Jahren war die Sahara eine blühende Landschaft. Das änderte sich erst, als im Laufe der Jahrtausende durch die langsame Änderung der Erdbahn relativ zur Sonne die Bedingungen für Monsunregen in diesem Raum immer ungünstiger wurden. Trotzdem bildeten auch später noch die nördlichen Küstenregionen Algeriens, Tunesiens und Libyens zusammen mit Sizilien die Kornkammer des Römischen Reichs. Dem setzte dann der Mensch ein Ende: durch die massive Abholzung der Wälder der Küstengebirge, vor allem für den Schiffsbau, gingen Verdunstungspotenziale verloren und die fruchtbaren Böden erodierten. Ähnliches spielte sich zum Beispiel auch im Libanon ab.

Heute bilden Nordafrika und Vorderasien einen langgezogenen Trockengürtel, in dem die Sicherung der Ernährung schon seit Jahrhunderten ein Problem darstellt. Früh konzentrierte sich die landwirtschaftliche Produktion auf den Bewässerungsfeldbau an großen Flüssen und in **Oasen**. Aber auch die Wege der Nomaden mit ihren Viehherden wurden von der Verfügbarkeit des Wassers entscheidend mitbestimmt. Diese beiden traditionellen Formen der Landnutzung existieren zwar noch, haben sich aber stark verändert.

Da mit ihnen allerdings die wachsende Bevölkerung nicht ausreichend versorgt werden kann, wurden neue, z.T. umstrittene Wege beschritten. Dazu gehören riesige Bewässerungsareale und Milchviehfarmen mitten in der Wüste oder auch der Aufkauf von Ackerflächen in anderen Regionen der Erde. Die neuen Wege in der Landwirtschaft stehen in jüngerer Zeit jedoch auch unter dem Thema **Nachhaltigkeit**. Stichwörter hierfür sind „Biolandbau" und „Schonung der Ressource Wasser".

Ein Problem für die Nahrungsmittelproduktion stellen immer noch die Betriebs- und Besitzformen dar. Trotz der in den letzten Jahrzehnten oft angekündigten **Agrarreformen** dominiert auch heute noch die alte orientalische Form des **Rentenkapitalismus**.

1 Oase Nizwa im Oman, am südlichen Wüstenrand des Hadschar-Gebirges

Kompetenzen erwerben	– Klimatische Grundlagen der Region beschreiben, – das Potenzial des Raumes für die Landwirtschaft herausarbeiten,	– naturnahe landwirtschaftliche Nutzungsformen (Nomadismus, Oasenwirtschaft) und ihren Wandel erläutern, – Landgrabbing als Weg zur Ernährungssicherung diskutieren,	– Versuche zu einer nachhaltigeren Wirtschaftsweise in der Landwirtschaft der Region beurteilen.

D7 Infoblatt Strahlungshaushalt   D8 Infoblatt Tropische Passatzirkulation   D9 Infoblatt Passatklimazone   V1 Erklärfilm Der Treibhauseffekt

2.1 Klimatische Grundlagen

2 Nordafrika/Vorderasien: die globalen Zirkulationsverhältnisse bestimmen das Niederschlagsgeschehen

3 Nordafrika/Vorderasien: typische Klimate der Region

Klimadiagramme:
- Annaba (Algerien), 4 m, 36°50'N/7°49'O, 17,3 °C, 619 mm
- Kufra (Libyen), 408 m, 24°13'N/23°18'O, 23,0 °C, 2 mm
- Bagdad (Irak), 34 m, 33°20'N/44°24'O, 22,6 °C, 148 mm
- Teheran (Iran), 1191 m, 35°41'N/51°19'O, 16,9 °C, 218 mm

Bedeutung des Strahlungshaushalts

Die klimatische Situation in Nordafrika und Vorderasien wird bestimmt durch die Lage innerhalb der Subtropen und der Trockenen Tropen.

Der Strahlungshaushalt weist in der Region folgende charakteristische Merkmale auf:
– Die einfallende Globalstrahlung hat im Sommer auf die Erdoberfläche einen steilen Einfallswinkel. Die Flächen werden intensiv bestrahlt, und die Absorption ist daher hoch.
– Mit der Verlagerung des Zenitstandes der Sonne in Richtung des südlichen Wendekreises wird der Einfallswinkel im Winterhalbjahr flacher. Die geringere Strahlungsintensität bewirkt niedrigere Temperaturen.
– Da in der Atmosphäre über der Region nur wenige Wolken, Gase oder Staub die Einstrahlung absorbieren, reflektieren oder streuen, gelangt mehr Strahlung direkt auf die Oberfläche.
– Auf vegetationsfreien Flächen herrscht (nur) eine mittlere Albedo. Der Albedowert gibt an, welcher Anteil der auf die Oberfläche einfallenden Strahlen reflektiert wird. Dünensand z. B. reflektiert 30–60 % der Strahlung, dunkler Fels noch weniger. Daher werden größere Strahlungsanteile absorbiert und in langwellige Wärmestrahlung umgewandelt.
– Aus bereits genannten Gründen ist auch der natürliche Treibhauseffekt in der Region geringer. Das heißt, dass der Anteil der ungehindert wieder abgestrahlten Energie ebenfalls sehr hoch ist. In der Folge kommt es zu starken Temperaturunterschieden zwischen Tag und Nacht (Tageszeitenklima).

4

1 Beschreiben Sie die Niederschlagssituation in Nordafrika und Vorderasien im Januar und Juli.

2 Erläutern Sie die Bedeutung des Strahlungshaushalts für diese Region.

3 Vergleichen Sie die in den Diagrammen 3 dargestellten Klimate.

4 Stellen Sie nun die klimatischen Besonderheiten des Raums dar.

2.2 Landwirtschaftliche Nutzungsmöglichkeiten

Übersicht zum Naturraumgefüge in den Trockenen Tropen (B-Klima nach Köppen/Geiger)

Einstrahlung	höher als in den Immerfeuchten und Wechselfeuchten Tropen, aber auch sehr hohe nächtliche Ausstrahlung				
Klima	**Wüsten:** ganzjährig > 5 °C, mindestens vier Monate > 18 °C; Niederschläge < 250 mm, meist < 50 mm **Halbwüsten:** mindestens ein Monat < 5 °C; Niederschläge während der Vegetationsperiode < 100 mm; Variabilität der episodischen Niederschläge sehr hoch; Vegetationsperiode unter zwei Monaten; geringe Wolkenbedeckung; sehr große tägliche Temperaturamplitude				
	minimale Transpiration ↑				
Vegetation	Nur vereinzelt und an Trockenheit angepasst. Xerophyten verringern die Transpiration durch Hartlaub, Dornen; Sukkulenten speichern das Wasser in Stamm/Blättern, Geophyten unterirdisch; Samen der Ephemeren können lange Trockenzeiten überdauern; andere Pflanzen sind an Salz angepasst. Bei Trockenheit Rückzug auf günstigere Standorte (kontrahierende Vegetation).	**Tierwelt**	Nagetiere, Reptilien, Ameisen; häufig zum Hitzeschutz unterirdisch lebend; für Stoffumsätze unbedeutend	**Bevölkerung/Wirtschaft**	in Oasen, an Fremdlingsflüssen, sonst sehr dünne Besiedlung; Bewässerungsfeldbau, z.T. Nomadismus
Prozesse an der Oberfläche und Stoffabbau	Streuauflage minimal, Zersetzung durch Bodenorganismen feuchtigkeitsabhängig			Abfluss episodisch nach Regen	
Boden	starke physikalische, aber minimale chemische Verwitterung; Auswehungen des feinen Materials, in der Folge „Steinpflaster"; sehr geringer Humusgehalt, weiträumig keine Bodenbildung			allenfalls minimale Grundwasserspeicherung	

Nach Jürgen Schultz: Die Ökozonen der Erde. UTB. Stuttgart: Ulmer 1988, S. 279

5

Die Temperaturen in den Trockenräumen Nordafrikas und Vorderasiens würden eine ganzjährige Landwirtschaft mit Ackerbau und Viehzucht begünstigen. Allerdings gibt es eine Reihe von begrenzende Faktoren, welche die Nutzungsmöglichkeiten einschränken.

Darunter stehen an erster Stelle die hohen potenziellen Verdunstungswerte (> 4 500 mm pro Jahr). Es sind mindestens 50 mm Niederschlag pro Monat notwendig, um eine Pflanzendecke zu erhalten. Diese aber werden nur in den Wintermonaten in den Küstenregionen am Mittelmeer erreicht.

Zum geringen Jahresmittel der Niederschläge kommt die hohe Niederschlagsvariabilität hinzu. Die Region um Kairo beispielsweise hat ein langjähriges Niederschlagsmittel von 24 mm. Im Jahr 1935/36 fielen jedoch gerade einmal 2 mm, während zum Beispiel am 26. Januar 2018 an einem Tag die Niederschlagsmenge erreicht wurde, die sonst in zehn Jahren fällt. Teile der Region wurden überflutet.

Es gibt neben den Niederschlägen noch weitere naturgeographische Faktoren, welche die Nutzungsmöglichkeiten größter Teile der Region einschränken. Dazu gehört das Relief, das gekennzeichnet ist durch zahlreiche Gebirge sowie einen hohen Flächenanteil an Fels- und Geröllwüsten. Dazu kommen die ständigen Umverlagerungsprozesse der Sanddünen, die z.B. immer wieder **Oasen** massiv bedrohen. Einfluss haben auch die geringe chemische Verwitterung sowie die kaum stattfindenden Abbau- und Zersetzungsprozesse im Boden. Daher sind bodenbildende Prozesse stark eingeschränkt und es entstehen nur humus- und nährstoffarme Skelettböden.

Alles das führt dazu, dass bis auf die Küstenregionen und die Tiefländer großer Flüsse nur in den Oasen eine ackerbauliche Nutzung möglich ist. Wie diese stellt auch der Nomadismus eine angepasste Lebens- und Wirtschaftsform dar.

6 Wolfsmilchgewächs (Euphorbie), aus der Gruppe der Sukkulenten

5 Erläutern Sie die in Grafik 5 dargestellten Zusammenhänge im Naturraumgefüge.

7 Landnutzung im Nahen Osten
Nach Beaumont/Blake/Wagstaff; in: Eckart Ehlers u.a.: Der Islamische Orient. Grundlagen zur Länderkunde eines Kulturraumes. Köln: Diesterweg 1990, S. 121, aktualisiert 2021

← Methode
Thematische Karten analysieren
Seiten 18/19

Funktion der Hochgebirge und Hochländer

Wie bereits ausgeführt, stellt auch das Vorhandensein eines ausgeprägten Reliefs mit zahlreichen Hochgebirgen und Hochländern ein Nutzungshindernis dar. Diese Regionen erscheinen äußerst unwirtlich und lebensfeindlich. Doch ist dies nur die eine Seite. Die andere ist, dass hier in den höheren Bergregionen häufig Schnee fällt, der in den größeren Höhen manchmal sogar eine länger andauernde Schneedecke entstehen lässt. Das ist für den Wasserhaushalt der Vorländer der Gebirge von großer Bedeutung, denn es gewährleistet oft bis in den Sommer hinein eine Wasserführung der Flüsse und eine Anreicherung des Grundwassers. Hierdurch entstehen wiederum Bewässerungsmöglichkeiten.

Diese wasserspendende Funktion der Hochgebirge bzw. Hochländer gewährleistet letztendlich die Existenz zahlreicher Oasen und Oasenstädte in den Gebirgsvorländern.

8

Wasserspender Hadschar-Gebirge im östlichen Oman

Trotz seiner Unwirtlichkeit liefert es so viel Wasser, dass an seinem südlichen Rand mit Nizwa eine der größten Oasenstädte der arabischen Halbinsel entstand.

Agrarisch ist das Gebirge selbst kaum nutzbar; es gibt nur extensive Viehwirtschaft und in einigen Tälern den Anbau von Dattelpalmen. Allerdings begann man 2016 mit einer alternativen Nutzung dieses Gebirgsraums: Auf einem 3 000 m hoch gelegenen Plateau hat Oman eine große 5-Sterne-Hotelanlage errichtet – Teil der Investitionen in den Tourismussektor (s. Kap. 3.3, S. 50–51, sowie Kap. 5.3, S. 75).

Die Oasenstadt Nizwa im Oman (s. Kapitelauftaktseite 26) ist ein Beispiel dafür, welche Bedeutung die wasserspendende Funktion der Hochgebirge für die Existenz der Siedlungen in den Trockenräumen Vorderasiens hat.

9

---

6 Stellen Sie zusammenfassend Faktoren dar, die die landwirtschaftlichen Nutzungsmöglichkeiten in der Region beeinflussen.

7 Karte 7 zur Landnutzung im Mittleren Osten:
a) Charakterisieren Sie die Landnutzung in dieser Region.
b) Begründen Sie die Nutzung mithilfe Ihrer bisherigen Arbeitsergebnisse.

2.3 Nomadismus – angepasste und nachhaltige Lebensform in Trockenräumen

Leben in der Wüste

„[Den Nomaden] ist ein Wertesystem gemeinsam, wonach die Kopfzahl und die äußere Erscheinung der Tiere Glück und Wohlstand des Besitzers und sein öffentliches Ansehen ausmachen. Tiere wurden früher nur für den eigenen Bedarf und nur bei besonderen Anlässen geschlachtet, marktorientierte Viehzucht war den Nomaden fremd. Heute zwingt die wirtschaftliche Lage viele Nomaden, regelmäßig Tiere an Viehhändler zu verkaufen, ferner werden tierische Produkte wie Milch, Wolle und Tierhäute über den Eigenbedarf hinaus produziert, um Geld für Lebensmittel und Dinge des täglichen Bedarfs zu erhalten. ..."

Michael Martin: Der Mensch in der Wüste. Auf: https://www.michael-martin.de/de/wissen_wuesten_der_erde/mensch_wueste.html, Dez. 2021

10

„Die ... Gesellschaft der iranischen Qashqai führt ein nomadisches Leben in Zelten und wechselt jährlich zwischen den Winter- und Sommerquartieren. Die Qashqai sind Nachkommen turkmenischer Nomaden, die vermutlich im 11. Jahrhundert aus Zentralasien in das heutige iranische Gebiet kamen und dort siedelten ... Ihre Weiden befinden sich über die Wintermonate in den südlichen Regionen der Fars-Provinz, im Sommer sind sie im Zagros-Gebirge nördlich der Provinz-Hauptstadt Shiraz zu finden. Der Qashqai-Stamm ist vor allem für seine Teppichkunst bekannt, die eine jahrhundertealte Tradition aufweist und das traditionelle Handwerksmetier der Frauen darstellt ... Sie tauschen die fertigen Teppiche dann in Dörfern, die auf ihrem Wanderweg zur Sommer- oder Winterweide liegen, bei Händlern gegen andere Produkte aus oder verkaufen sie an Teppichhändler."

https://de.qantara.de/inhalt/die-frauen-der-qashqai-nomaden-irans, Dez. 2021

11 Qashqai-Nomaden im Iran

Formen des Nomadismus

12

Traditioneller Nomadismus

Die nomadischen Völker in den Trockenräumen Nordafrikas und Vorderasiens waren über Jahrhunderte die „Herren der Wüste". Ihre mobile Wirtschafts- und Lebensweise stellt die wohl am stärksten angepasste und nachhaltigste Form dar, in diesem lebensfeindlichen Raum zu existieren. Dem Sonnenstand und der Verfügbarkeit von Wasser folgend, suchen sie ihre Weidegründe und können so den Lebensunterhalt für sich und ihre Familie sichern.

Nomaden haben keinen individuellen Bodenbesitz, sondern nur einzelne Nutzungsrechte. Die Viehhaltung bildet ihre Wirtschaftsgrundlage, z.T. ergänzt durch weitere ökonomische Tätigkeiten, wie bei den Qashqai-Nomaden im Iran (s. Material 11). Ob Kamele, Dromedare, Pferde, Rinder, Yaks, Schafe oder Ziegen gehalten werden, richtet sich nach den natürlichen Voraussetzungen.

Heute ist der **Halbnomadismus** (Grafik 12) am weitesten verbreitet: Nur ein Teil der Sippe wandert mit den Herden, während oftmals Frauen, Kinder und ältere Stammes- oder Familienmitglieder in Dauersiedlungen wohnen, z. B. am Rand von **Oasen** (vgl. Karte 19, Seite 33). Neben der Viehhaltung werden Ackerbau, Handel und Transport betrieben.

Nomadismus im Wandel

Auch über die in Quellentext 10 angesprochene marktorientierte Viehzucht hinaus hat sich die heutige Situation der Nomaden völlig verändert.

D10 Infoblatt Weidewirtschaft

D11 Infoblatt Tuareg

Hauptgrund sind die politischen und ökonomischen Entwicklungen nach dem Ende der Kolonialzeit. Die willkürlichen Grenzziehungen mit dem Lineal auf der Karte schränkten die Bewegungsfreiheit und die Lebensweise der Nomaden ein. Ihre traditionellen Weidegebiete wurden zu Ackerflächen, Nationalparks oder militärischen Sperrzonen. Auf der Arabischen Halbinsel waren es vor allem Erdölfunde, die zur Verdrängung der Nomaden führten. Aus Weidegebieten wurden Erdölförderflächen. Durch die Anlage von Straßen wurde der traditionelle Karawanenhandel zerstört. Die mit der wachsenden Bevölkerung verbundene Übernutzung der Räume führte zur Desertifikation und damit zu einer weiteren Einschränkung des Lebensraums der Nomaden.

Darüber hinaus haben die Regierungen der neu gegründeten Nationalstaaten in der zweiten Hälfte des 20. Jh. große Anstrengungen unternommen, die Nomaden sesshaft zu machen. Das wurde sogar in den Verfassungen einiger Länder festgeschrieben. Denn die Nomaden waren statistisch nicht zählbar, nicht fassbar, sie zahlten keine Steuern und konnten nicht zum Militärdienst herangezogen werden. Daher betrachteten die nationalen Regierungen die Nomaden mit ihrer unabhängigen Lebensweise eher als „Störfaktoren". Ihr Ziel war es deshalb, die Macht der Nomaden zurückzudrängen und einen Unsicherheitsfaktor zu beseitigen. Diese leisten Widerstand, bedeutet für sie doch das Sesshaftwerden nicht Sicherheit und Verbesserung, sondern einen Weg in die Abhängigkeit und den sozialen Abstieg.

Beispielhaft für viele Aspekte der beschriebenen heutigen Situation der Nomaden stehen die Tuareg in Nordwestafrika. Diese „Krieger ohne Staat" leisten bis heute Widerstand gegen die von außen betriebene Änderung ihrer Lebensweise.

8 Beschreiben Sie die traditionellen Formen des Nomadismus.

9 Begründen Sie, warum man den Nomadismus als angepasste Lebens- und Wirtschaftsweise in der Wüste bezeichnen konnte.

10 Erläutern Sie die Veränderungen der Rahmenbedingungen für die Nomadenvölker.

11 Diskutieren Sie das Pro und Kontra einer Sesshaftmachung der Nomaden.

12 Gestalten Sie auf der Grundlage einer Internetrecherche eine Präsentation zur Situation des Volks der Tuareg.

13 Lebensraum der Tuareg – Volk ohne Staat, aber „Herren der Wüste"

14 Tuareg im Grenzgebiet von Mali und Algerien

Tuareg – Volk ohne Staat

„Schon seit Langem spielen die Tuareg in der Region eine wichtige, aber widersprüchliche Rolle: Verschiedene Tuareg-Gruppen im Grenzgebiet von Algerien, Niger und Mali bilden seit jeher unterschiedliche und wechselnde Allianzen ...

[Professor Baz Lecocq von der Humboldt-Universität zu Berlin sagt dazu:] ‚Mali und die anderen Staaten, in denen Tuareg leben, funktionieren anders als europäische Nationalstaaten', ... Die Sahara-Region sei ein großer zusammenhängender Kulturraum. In ihm lebten seit jeher unterschiedliche Araber- und Tuareg-Gemeinschaften, die mal verfeindet und mal verbündet seien. Für alle aber sei der Sahara-Handel wirtschaftlich überlebensnotwendig, sagt er: ‚Die oft aus der Kolonialzeit stammenden politischen Grenzen haben wenig Bedeutung.' Aufstände der Tuareg für mehr Selbstbestimmung gab es immer wieder: früher gegen die Kolonialmacht Frankreich, später gegen die Zentralregierung von Mali…"

Bundesministerium für Verteidigung, auf https://www.bmvg.de/de/aktuelles/die-tuareg-stolze-krieger-ohne-staat-11084, Dez. 2021

15

2.4 Oasen und Oasenwirtschaft im Wandel

Oase
griech. Óasis = „bewohnter Ort"; semitisch bzw. altägypt. waset = „Kessel"

16 Dattelpalmenplantage

18 Kerzaz-Oase in Algerien

Oasentypen

- Flussoase
- Quelloase
- Oase mit artesischem Brunnen
- Grundwasseroase

Fossiles Grundwasser in einigen hundert Metern Tiefe.

17

Die Wege der Nomaden durch die lebensfeindlichen Wüsten wurden durch die Suche nach Wasser und Futter bestimmt, und damit auch durch die Lage der **Oasen**. Dort oder in deren Nähe befanden sich auch ihre temporären Siedlungen. Auch wenn die **Halbnomaden** mit ihren Karawanen durch die Wüsten zogen, um Handel zu betreiben, blieben ihre Familien und das Vieh in den Oasen.

Die Besiedlung und Erschließung der Wasserstellen begann bereits im Neolithikum (um 5000 v. Chr.). Dabei wurden die ursprünglichen heimischen Pflanzen wie Akazien oder Röhrichtgewächse sehr schnell durch Nutzpflanzen ersetzt.

Dattelpalmen prägten das Gesicht der Oasen, daneben aber auch verschiedene Ackerpflanzen. Vorherrschend war bzw. ist der Stockwerksbau: In der untersten Ebene baut man Weizen, Hirse, Gerste, Reis und Futterpflanzen an, in der zweiten dominieren niedrige Baumkulturen wie Feigen und Granatäpfel, überragt von den Dattelpalmen in der dritten Ebene. Lange Zeit wurden nur Produkte der Dattelpalme auf dem Markt verkauft, während ansonsten die **Subsistenzwirtschaft** vorherrschte, also die Landwirtschaft mit dem Ziel der Eigenversorgung. Ergänzt wurde die Oasenwirtschaft durch die nomadisierende Viehhaltung und durch die Anlage von Handelsplätzen. Die Struktur der Oasen hat sich zur Gegenwart hin allerdings grundlegend verändert.

13 Beschreiben Sie das Foto 18.

D12 Infoblatt Oasen

D13 Kopiervorlage Oasensiedlung Tinerhir

22 Straßenbahn in Ouargla

19 Eine Oase im Wandel von Tradition zur Moderne – Beispiel Ouargla, Algerien
(mit fast 190 000 Einwohnern gehört die Universitätsstadt zu den größten Oasen der Sahara)

Veränderung der Wirtschaftsstruktur

Mit der Erdgas- und Erdölförderung sowie infrastruktureller Erschließungsmaßnahmen nahm die Bedeutung der Oasen im traditionellen Sinn ab. Zusätzliche Verringerung der Grundwasservorräte, Sesshaftwerden vieler nomadischer Völker und die Verringerung des Karawanenverkehrs tragen weiterhin zum Bedeutungsverlust der traditionellen Oasenwirtschaft bei. Einige Oasen aber erlebten durch Erschließung neuer Grundwasservorräte einen tief greifenden Strukturwandel zu sogenannten „High-Tech-Oasen". Durch neue Fördertechniken gelang es, Wasser aus tief liegenden Schichten an die Oberfläche zu pumpen. Auf Grundlage des technischen Fortschritts konnte die Landwirtschaft intensiviert und ausgeweitet sowie eine touristische Erschließung vorgenommen werden. Der Anbau landwirtschaftlicher Produkte ist heute stärker auf den Markt ausgerichtet, die ursprüngliche Form der Selbstversorgung tritt dabei in den Hintergrund.
Der Tourismus verändert die wirtschaftliche und soziale Situation der Oasenbewohner erheblich. Auf der einen Seite entstehen neue Einnahmequellen, auf der anderen Seite erhöht sich die Nachfrage nach Trinkwasser drastisch, was wiederum die Wasserreserven zusätzlich belastet. Hotels haben mittlerweile in einigen Oasensiedlungen das Bild der alten Kulturstätten stark verändert.

Nach Wolfgang Koppe: Infoblatt Oasen,
auf https://www.klett.de/alias/1015158, Dez. 2021

20

21 Grabenbewässerung
Das Wasser in dem schmalen Kanal wird jeweils nach einer gewissen Zeitdauer umgeleitet – somit wird das in ihm transportierte Wasser großflächig verteilt.

14 Charakterisieren Sie die Wasserbeschaffung in den dargestellten Oasentypen (Abb. 17).

15 Analysieren Sie die Karte von Ouargla im Hinblick auf den typischen Wandel einer Oase.

16 Beurteilen Sie die gegenwärtige Nutzung der Oasen unter dem Aspekt der Nachhaltigkeit.

33

2.5 Intensivlandwirtschaft in der Wüste – Bewässerungsfeldbau in Saudi-Arabien

23 Entwicklung der landwirtschaftlichen Nutzfläche südlich von Tubarjal, Saudi-Arabien

24 Bodenversalzung und vorbeugende Maßnahmen

Entwicklung der landwirtschaftlichen Produktion in Saudi-Arabien

- Rinder (in 0,1)
- Milch (in t)
- Geflügel (in 100)
- Getreide (in t)
- Eier (in 100 kg)
- Obst (in t)
- Schafe u. Ziegen (in 10)
- Gemüse (in t)

Daten nach FAO; http://faostat.fao.org, aktualisiert, Dez. 2021

25

Bewässerung und Agrobusiness

Saudi-Arabien steckt in einem Dilemma: Einerseits wächst die Bevölkerung stark, z. B. von 20,66 Mio. Einwohnern im Jahr 2000 auf 34,81 Mio. im Jahr 2020. Diese zu einem großen Teil finanziell gut gestellte Bevölkerung fordert immer mehr und immer hochwertigere Nahrungsmittel. Um unabhängiger von Importen zu werden, versucht man, eine eigene starke Landwirtschaft aufzubauen. Problematisch ist jedoch, dass das Land jenseits der agronomen Trockengrenze liegt – nirgendwo ist also Regenfeldbau möglich.

Die Lösung liegt für das kapitalstarke Öl-Land im Agrobusiness, basierend auf dem Bewässerungsfeldbau. Die konsequente Vergrößerung der bewässerten Flächen auf heute über 2,5 Mio. ha (gesamte Landwirtschaftsfläche Deutschlands: 16,7 Mio. ha) hat zu enormen Produktionssteigerungen bei wichtigen Nahrungsmitteln geführt, allerdings auch zum Problem der Bodenversalzung. Neben dem Ackerbau gewinnt die stationäre Viehzucht stark an Bedeutung. Rinder für die Fleischproduktion sowie Kühe als Milchlieferanten stehen in klimatisierten Ställen mit Beregnungsanlagen. Der saudische Konzern Almarai mit allein 180 000 Holstein-Frisia-Kühen ist mittlerweile der weltweit größte Milchproduzent. Enorme Wassermengen werden zusätzlich für die massiv steigende Produktion von Futtermitteln gebraucht, die heute bereits auf rund 500 000 ha Bewässerungsfläche angebaut werden.

Zur Entwicklung des Agrarsektors in Saudi-Arabien passt, dass die Nahrungsmittelindustrie als weiterer Zweig des Agrobusiness heute der größte Arbeitgeber im Produzierenden Gewerbe des Landes ist.

D14
Infoblatt
Bewässerungslandwirtschaft

D15
Kopiervorlage
Wadi Nissah (Saudi-Arabien): Agrarnutzung

26 Wasserfußabdruck der Länder im Vergleich (Verbrauch an virtuellem Wasser in m³ pro Jahr und Person)
www.br.de/wissen/wasserverbrauch-virtuelles-wasser-fussabdruck100.html, Dez. 2021

Wasserproblematik

Man unterscheidet beim Verbrauch von Wasser grundsätzlich zwischen direkt verbrauchtem Wasser (Trinken, Kochen, Putzen, Waschen) und sogenanntem virtuellen Wasser, das bei der Erzeugung von Lebensmitteln, Kleidung, Autos und anderen Produkten benötigt wird. Gerade der Verbrauch an virtuellem Wasser ist besonders hoch.
Betrachtet man nun für Saudi-Arabien den Verbrauch an virtuellem Wasser in Kubikmetern pro Jahr und Person, den Wasserfußabdruck, dann erscheint dessen Situation im internationalen Vergleich eher unproblematisch zu sein. Doch der Eindruck täuscht. Denn das verbrauchte Wasser ist weitestgehend **fossiles Grundwasser.** Es ist wie vielfach in Nordafrika und Vorderasien in früheren niederschlagsreicheren Zeiten in seine jetzigen „Lagerstätten" gelangt. Sie befinden sich oft in Tiefen von vielen hundert Metern und erfahren aufgrund des heute vorherrschenden ariden Klimas in diesen Räumen keine Erneuerung.

27 Kühlung von Milchvieh in Saudi-Arabien mithilfe einer Sprinkleranlage

gesamt: 25,9 Mrd. m³
Anteile in Mrd. m³
5,8
20,1
■ fossiles Grundwasser
■ erneuerbares Grundwasser

29 Wasserherkunft in Saudi-Arabien 2018
Nach Ministry of Environment, Water and Agriculture [of Saudi Arabia] (MEWA)

Wasserbedarf für die Tomatenproduktion in Saudi-Arabien – ein Rechenbeispiel

Tomatenproduktion 2018	72 054 t = 72 Mio. kg
Gewicht einer durchschnittlichen Strauchtomate	110 g
Zahl der Tomaten, ausgehend vom produzierten Gewicht	655 Mio.
Mindestwasserbedarf einer Tomate bis zur Reife	13 l
Wasserbedarf für die gesamte Tomatenproduktion 2018	mehr als 8,5 Mrd. l

Berechnungen des Autors nach FAO und Umweltinformationszentrum Leipzig

28

17 Vergleichen Sie die beiden Satellitenfotos 23.

18 Stellen Sie zentrale Aspekte der saudischen Landwirtschaft dar.

19 Erläutern Sie das Problem der Bodenversalzung sowie die vorbeugenden Maßnahmen (Grafik 24).

20 „Wasser ist die wichtigste Grundlage, aber auch der bedeutendste Begrenzungsfaktor für die Zukunft der saudischen Landwirtschaft." Begründen Sie diese Aussage.

2.6 Landgrabbing – eine nachhaltige Ernährungssicherung?

30 Ein einheimischer Bauer in Äthiopien beobachtet die beginnenden Rodungsarbeiten des neuen Großinvestors in seiner Heimat

33 „Dein Land gehört nun mir"

31 Zielländer der saudi-arabischen Landgrabbing-Aktivitäten

Insgesamt soll Saudi-Arabien mittlerweile mehr als 20 000 km² Ackerland gekauft oder langfristig gepachtet haben - eine Fläche größer als Hessen.

Als **Landgrabbing** wird die großflächige Inbesitznahme von fruchtbaren Ackerflächen durch externe Großinvestoren bezeichnet. Diese einfache Definition wirft Fragen auf: Wer sind diese Investoren? Was sind ihre Ziele? Wo liegen die vom Landverkauf betroffenen Regionen und Länder? Welche Folgen hat das für diese Länder und ihre Menschen?

Die Antwort auf die erste Frage ist grundsätzlich schnell gegeben: Es handelt sich um kapitalstarke Unternehmen oder Staaten. Hierzu gehören europäische Firmen und Länder genauso wie die US-amerikanischen Agrarkonzerne oder der chinesische Staatsfonds, der mit über einer Billion US-$ ausgestattet ist.

Golfstaaten und Landgrabbing

Eine wichtige Rolle im Landgrabbing spielen aber auch die Ölstaaten der Golfregion, allen voran Saudi-Arabien und die VAE. Bei ihnen treten oft Staatsfonds oder staatliche Unternehmen als Käufer auf.

Wie Landgrabbing funktioniert, zeigte sich z.B. 2015 in Äthiopien. Nur in diesem einen Jahr kauften Investoren in dem ostafrikanischen Staat 490 000 ha Ackerflächen auf. Das größte Einzelgeschäft tätigte ein Konsortium aus neun indischen Firmen, die 262 000 ha erwarben (Nutzung: Mais, Reis, Ölpalmen und Ölsaaten, Zuckerrohr, Sojabohnen, Tomaten, Rosen und Tee). An zweiter Stelle rangierte schon das Unternehmen Saudi Star Plc, eine saudische Firma mit Sitz in Addis Abeba, der Hauptstadt Äthiopiens. Sie kaufte 124 000 ha für die Viehzucht (Milch und Fleisch) sowie für den Anbau von Ölpalmen und Ölsaaten, Reis und Kaffee.

Landkäufe der VAE, 2016 und 2020 (größter Investor aus der Region Nordafrika-Vorderasien; einzelne Transaktionen)

Betroffenes Land	Erworbene Fläche (ha)	Verwendung
2016		
Ägypten	6 720	Nahrungsmittel, Futter
Mauretanien	1 360	Nahrungsmittel, Futter, Viehzucht
Marokko	1 256	Nahrungsmittel
Ägypten	1 267	Nahrungsmittel
Ägypten	2 520	Anderes*
Sudan	34 802	Biomasse für die Kraftstoffproduktion, Nahrungsmittel, Anderes*
Marokko	400	Viehzucht
2020		
Äthiopien	5 000	Nahrungsmittel
Mauretanien	5 000	Anderes*

* Anderes: z.B. Rohstoffgewinnung („mining") Nach https://landmatrix.org/list/deals/, Dez. 2021

32

34 Landgrabbing – globale Akteure und Betroffene

Landgrabbing – Landkauf oder Landraub?

„Landgrabbing bewegt sich häufig an der Grenze zur Illegalität. In vielen afrikanischen Ländern ist alles Land in Staatsbesitz. Die Regierungen sehen in der Verpachtung und dem Verkauf von Agrarflächen eine Möglichkeit, die Staatskassen zu füllen. Die veräußerten Flächen befinden sich zumeist in sehr fruchtbaren Gebieten, die einen guten Zugang zu Wasserressourcen haben. Von ‚ungenutztem Land' sprechen einige Regierungen, obwohl viele Kleinbauernfamilien seit Jahrhunderten diese Felder bestellen oder für ihr Weidevieh nutzen. Die Folgen für die Bevölkerung sind meist schwerwiegend. Sie müssen von dem Land weichen, auf dem ihre Dörfer stehen. Hunderttausende Kleinbauern haben so bereits ihre Existenzgrundlage verloren.

Die Weltbank und auch die Ernährungs- und Landwirtschaftsorganisation der UN (FAO) heben dennoch die Chancen der Landinvestitionen hervor. Denn die Investoren bringen Technologien und Fachwissen in die Zielländer. So könnten die Kleinbauern von den Methoden der großen Agrarbetriebe lernen. Auch die örtliche Infrastruktur würde verbessert. Allerdings gilt das Interesse vieler Zielländer weniger dem Fortschritt, sondern eher der Aufbesserung der Staatskasse. …"

Carolyn Wißing: Stichwort Landgrabbing, auf Deutsche Welle Themen vom 10.10.2013, auf https://www.dw.com/de/, Dez. 2021

35

Landgrabbing – Motive und Grenzen

Nahrungssicherung	ökonomische Motive	Energiesicherung
• Bevölkerungswachstum • Versorgung einer wachsenden Stadtbevölkerung • steigende Nachfrage und Konsum hochwertiger Nahrungsmittel	• Suche nach neuen Kapitalanlagen • erhöhter Nahrungskonsum in den Schwellenländern • Lebensmittel, Energie und Wasser	• Anbau von „Energiepflanzen" • Sicherung von Landflächen für die Zeit nach dem Öl (z. B. für Solar- oder Windparks)

→ **Landgrabbing** ←

ökologische Grenzen
- begrenzte Verfügbarkeit von Land
- Wasserverknappung durch den Klimawandel
- Übernutzung von Flächen

36

21 Charakterisieren Sie den Vorgang des Landgrabbing.

22 Analysieren Sie die Karte 34 zu den Investoren- und Zielländern des Landkaufs.

23 Erläutern Sie die Zielsetzungen Saudi-Arabiens und der VAE beim Landkauf im Ausland.

24 Nehmen Sie zur Karikatur 33 Stellung.

25 Diskutieren Sie die Frage: „Landgrabbing – Maßnahme für eine nachhaltige Ernährungssicherung?"

2.7 Neue Wege in der Landwirtschaft …

Wasserverbrauch Saudi-Arabiens nach Sektoren 2018

- Landwirtschaft: 21 120
- Industrie: 1 400
- Kommunen: 3 392

(Mio. m³)

Nach Ministry of Environment, Water and Agriculture [Saudi-Arabiens] (MEWA), Dez. 2021

37

38 Hinweise zur nachhaltigen Bewässerung in einer Informationsbroschüre des saudi-arabischen Wasser- und Elektrizitätsministeriums

39 Meerwasserentsalzungsanlagen in Saudi-Arabien
Nach Bundesministerium für Wirtschaft und Energie (BuWE) (Hrsg.): Saudi-Arabien: Nachhaltige Perspektiven für die Wasser- und Abwassersektoren. Berlin 2017, S. 28

… durch Schonung der Ressource Wasser

Eine der zentralen Gegenwarts- und Zukunftsfragen für die Region Nordafrika und Vorderasien ist die nach der Wasserverfügbarkeit. Die in der Region vorhandenen Grundwasserspeicher sind zwar bedeutend. Sie erfahren jedoch im ariden Klima kaum eine Auffüllung durch Niederschläge. Erneuerbares Wasser ist also sehr knapp, das **fossile Grundwasser** aber ist eine endliche Ressource. Im Mittelpunkt der Herausforderung, die Grundwasservorräte zu schonen, steht die Landwirtschaft. Eine Möglichkeit liegt in wassersparenden Bewässerungstechniken (vgl. S. 24). Ein zweites Mittel ist der Ausbau der nicht unumstrittenen Meerwasserentsalzungsanlagen (vgl. S. 25 und Karte 39). Alleine Saudi-Arabien nimmt zwischen 2022 und 2025 zwölf weitere in Betrieb bzw. baut vorhandene aus. 4,7 Mrd. US-$ werden für weitere 5,3 Mio. m³ Wasser täglich investiert. Eine dritte Möglichkeit ergäbe sich schließlich im Bereich des „virtuellen" Wassers.

Ist virtuelles Wasser die Rettung?
„Doch was können die Menschen in Jordanien, Syrien, dem Iran oder dem Irak angesichts von Krisen, Bevölkerungswachstum und Wassermangel anderes machen, als Flüsse umzuleiten oder das Grundwasser aufzubrauchen? [Martin Keulertz, Dozent an der American University of Beirut,] plädiert für virtuelles Wasser und angepasste Landwirtschaft. ‚Weizen und Reis sind für Bauern im Nahen Osten günstig zu erwerben, aber das sind definitiv die falschen Pflanzen. Mit Subventionen für wassersparende oder bodenschonendere Arten wie zum Beispiel Hülsenfrüchte wäre viel getan', sagt Keulertz.
Produkte, die viel Wasser bei der Herstellung benötigen – zum Beispiel Eier, Milch oder Reis –, sollten zudem importiert werden. Das damit eingesparte ‚virtuelle' Wasser käme der Bevölkerung zugute. ‚Eigentlich produzieren wir genug Lebensmittel auf der Welt. Wir könnten somit Regionen wie den Nahen Osten, der chronisch wasserunsicher ist, stabilisieren. Das setzt allerdings vernünftige Handelsbeziehungen voraus', sagt Keulertz. Theoretisch könnte ein gut ausgebautes Handels- und Transportnetz die Wasserprobleme lösen. Global gesehen hat die Erde Süßwasser gewonnen."

Tobias Landwehr vom 08.12.2016: Der Nahe Osten kämpft ums Wasser, S. 2, auf Zeit Online: https://www.zeit.de, Dez. 2021

40

… durch nachhaltigen Landbau

41 Draa-Tafilalet –
eigene Energie- und Wasserversorgung

42 Draa-Tafilalet – neu angelegte Dattelplantage

44 Marokkanisches Bioprodukt für den deutschen Markt

Seit ungefähr zwei Jahrzehnten wird auch in der Region Nordafrika und Vorderasien der Weg hin zu einer ökologisch verträglichen Landwirtschaft eingeschlagen. Trotz der noch immer vorhandenen Dominanz des Agrobusiness setzt ähnlich wie in Deutschland und Europa ein Umdenken bei Landwirten und politisch Verantwortlichen ein.

Ein Beispiel für die Hinwendung zum Biolandbau liefert Marokko. Zur Erfüllung der nachhaltigen Entwicklungsziele (**SDG**) 1 und 12 der UN-Agenda 2030 entwickelte man seit 2015 den „Plan Maroc Vert" (Plan für ein grünes Marokko). Das Projekt hat mehrere Standbeine, die miteinander verzahnt sind. Eines davon ist die Konzentration auf einheimische Pflanzen wie Dattelpalme, Argan-, Oliven- und Mandelbäume sowie Sonnenblumen oder Kürbisse.

Biolandbau in Marokko

„Ein wichtiges Projekt der ForestFinance Capital (FFC)* ist die Bio-Produktion von Mandeln, Oliven und Datteln in Marokko. Insgesamt 11,4 Millionen Euro verwendet die FFC über mehrere Jahre … für die ökologische Landwirtschaft mit standortgerechten Pflanzen im afrikanischen Land, …

Seit 2018 setzt DesertTimber** für ForestFinance in Marokko mit dem Dattel-Oliven-Projekt ein weiteres Vorhaben in ariden Gebieten um. Dieses Mal … [wird] ein modernes, nachhaltiges Wassersystem genutzt, dessen Ausbau von der Regierung subventioniert wird…

ForestFinance baut … Oliven und Datteln [in der Region Draa Tafilalet] nach den Richtlinien ökologischer Landwirtschaft an. Pro Olivenhektar wurden circa 1 666 Olivensetzlinge und je Dattelhektar wurden rund 140 Dattelpalmen gepflanzt. Die Flächen werden mit der modernen Tröpfchenbewässerung ressourcenschonend mit Wasser versorgt und komplett biologisch bewirtschaftet. Das bedeutet beispielsweise, dass Schädlinge mechanisch bekämpft und selten organische Pestizide eingesetzt werden. Auch das sorgfältige Anpflanzen von gesunden Setzlingen und starke Hygienevorkehrungen sind Teil des biologischen Vorsorgeprogramms für gesunde Olivenbäume und Dattelpalmen. Eine eigene Solarstrom-Anlage erzeugt vor Ort Öko-Strom und versorgt das Gelände und den Betrieb mit erneuerbarer Energie …"

Christine Sommer-Guist: Bio-Landwirtschaft in Marokko, vom 22. November 2020, auf https://blog.forestfinance.de/2020/11/22/bio-landwirtschaft-in-marokko/, Dez. 2021

* ForestFinance Capital (FFC): Sitz in Bonn, Unternehmen für „grüne Investitionen" in Wald-, Umwelt- und Klimaprojekte

** DesertTimber: Unternehmen der FFC, das seit 2018 in der Region Draa Tafilalet Land für den Anbau von Oliven und Datteln vorbereitet, Setzlinge pflanzt und die Bio-Zertifizierung vorbereitet

43

26 Stellen Sie Maßnahmen und Ideen dar, um die Ressource Wasser zu schonen.

27 Erläutern Sie anhand der Region Draa Tafilalet die Zielsetzungen und Maßnahmen für einen ökologischen Landbau in Marokko.

28 Beurteilen Sie das Biolandbau-Projekt in Draa Tafilalet im Hinblick auf die Erfüllung der Sustainable Development Goals (SDG) 1 und 12 aus dem Jahr 2015.

1 KEINE ARMUT

12 NACHHALTIGE/R KONSUM UND PRODUKTION

3 Erdöl und Erdgas als Entwicklungsmotoren und Konfliktpotenzial

Während in Deutschland und in einigen anderen europäischen Staaten aus Umweltgründen der Ausstieg aus den fossilen Energieträgern vorangetrieben wird, spielen global gesehen wohl vor allem Erdöl und Erdgas auch auf längere Sicht eine zentrale Rolle für die Energieversorgung. Außer in Nordamerika liegen die Hauptproduktionsstätten und die Verbraucherzentren allerdings weit voneinander entfernt.

Der Energiehunger in den Industriestaaten ist groß, massiv verstärkt durch den von Ländern wie China, Indien oder Südafrika, deren Ökonomien sich dynamisch entwickeln. Chinas Volkswirtschaft zum Beispiel, die zweitgrößte der Welt hinter den USA, braucht für ihr Wachstum insbesondere Energieressourcen wie Erdöl.

Die hoch entwickelten Industrieländer USA und Kanada sind durch neue technologische Verfahren wie das Fracking selbst zu bedeutenden Produzenten von Öl und Gas geworden. Für die weltweite Versorgung mit diesen Rohstoffen spielt aber noch immer Vorderasien eine herausragende Rolle. Der Reichtum der Golfregion an Erdöl und Erdgas hat auch zum Wohlstand der dortigen Staaten beigetragen. Der Ressourcenreichtum führt allerdings auch immer wieder zu Konflikten.

Das folgende Kapitel will Antworten auf die Frage geben, wie Erdöl und Erdgas das Leben und Wirtschaften in Nordafrika und Vorderasien verändert haben, welche aktuellen Tendenzen es gibt und wie die Staaten ihre Zukunft planen. Denn irgendwann werden die letzten Barrel Öl und die letzten Kubikmeter Gas gefördert sein.

1 Tanadschib-Ölkomplex des saudischen Staatskonzerns Saudi Aramco im Persischen Golf

Kompetenzen erwerben
- Die zukünftige Bedeutung von Erdöl und Erdgas darstellen,
- die strategische Bedeutung der beiden Rohstoffe charakterisieren,
- die globale Bedeutung der Erdöl- und Erdgasförderung in Nordafrika und Vorderasien herausarbeiten,
- Erdöl und Erdgas als Antriebskräfte für die Entwicklung von Staaten analysieren,
- die Rolle der beiden Rohstoffe als Konfliktpotenzial erläutern,
- erörtern, ob die durch den Aufschwung der Erdöl- und Erdgaswirtschaft bedingte Migration in die Golfregion allen Seiten einen Gewinn bringt.

D16 Infoblatt Erdöl
D17 Kopiervorlage Weltförderung und -handel mit Erdgas

3.1 Die Bedeutung von Erdöl und Erdgas

Keine anderen Energieträger haben in der zweiten Hälfte des 20. Jh. so erheblichen Einfluss auf die Weltwirtschaft gehabt wie Erdgas und besonders Erdöl. Regionen wie Europa, denen diese Ressourcen weitgehend fehlen, gerieten unter den Druck von Importen und steigenden Preisen. Die Förderregionen, früher oft ökonomisch rückständige Räume, erlebten dagegen einen rasanten Aufstieg, wie beispielsweise die Staaten am Persischen Golf. Zwar sind auch Öl und Gas nicht erneuerbare, also endliche Ressourcen, doch wird weltweit ein Ende der Förderung immer weiter hinausgeschoben. Neue Technologien ermöglichen die Erschließung immer neuer Vorkommen, wie dies in Nordamerika der Fall ist. In einer Region wie dem Persischen Golf dagegen lebt man zwar noch von der Förderung von Öl und Gas und ihrem Export, bereitet sich jedoch auch schon auf die Zeit danach vor oder ist wie das Emirat Dubai bereits heute als Akteur vom Ölmarkt verschwunden.

Obwohl auch der Erdöl- und Erdgasverbrauch global zu hohen CO_2-Emissionen beiträgt, ist ein Ende der weltweiten Nachfrage derzeit noch nicht abzusehen. Allerdings werden sich in den nächsten Jahren regional deutliche Veränderungen vollziehen. Das betrifft sowohl die Höhe der Nachfrage nach Primärenergie als auch die Anteile der einzelnen Energieträger (Energiemix). Das ergibt sich aus unterschiedlichen Einflussfaktoren. Das kann z.B. ein zu erwartendes weiteres Wirtschaftswachstum wie in China sein. Möglich ist aber auch eine Umgestaltung der ökonomischen Strukturen wie im Nahen Osten, und hier besonders in den Golfstaaten. Schließlich gehören auch politische Entscheidungen dazu. Ein Beispiel dafür ist die EU, die 2019 den „European Green Deal" verkündete. Demnach sollen in der Europäischen Union bis 2050 die Netto-Emissionen von Treibhausgasen auf null reduziert werden, wodurch Europa zum ersten klimaneutralen Kontinent würde. Dafür muss allerdings die Nutzung fossiler Energieträger wie Erdöl und Erdgas beendet werden.

Entwicklung des Weltenergieverbrauchs nach Energieträgern

Nach BGR Energiestudie 2019 Hannover: Bundesanstalt für Geowissenschaften und Rohstoffe 2020, S. 40

2

3 Primärenergieverbrauch nach Regionen und Entwicklung des Primärenergiebedarfs nach Energieträgern

Nach BP Energy Outlook 2018, S. 54

---

1 Beschreiben Sie die Entwicklung des globalen Verbrauchs von Energieträgern.

2 Analysieren Sie – auch unter dem Aspekt der Nachhaltigkeit – die Entwicklung der Nachfrage nach Energieträgern in unterschiedlichen Regionen.

3.1 Erdöl und Erdgas als Entwicklungsmotoren und Konfliktpotenzial

Entwicklung des Ölpreises

Preis für ein Barrel OPEC-Rohöl (=159 l) im Jahresdurchschnitt (US-$)

- 1974: Ölkrise – 1,67
- 1979: Iranische Revolution – 10,73; 17,25
- 1980: Ölkrise, Weltrezession – 28,64
- 1982/1983: Nicht-OPEC-Länder weiten Ölförderung aus – 32,38
- 1986–88: OPEC zerstritten, Kampf um Marktanteile – 29,04; 13,53; 17,73
- 1990/91: Irak besetzt Kuwait, Golfkrieg – 22,26
- 1998: Überproduktion, Wirtschaftskrise in Asien – 15,53; 20,29; 12,28
- 2001: Terroranschläge in den USA – 23,12; 27,60
- 2003: Irak-Krieg – 28,10; 36,05
- 2007–2009: Wirtschafts- und Finanzkrise – 50,64; 61,06; 69,08; 94,45
- 2011–2012 EURO-Krise – 107,34; 106,00
- 98,00; 77,45; 55,00
- 2020: Covid19-Pandemie
- Beginn des Ukrainekrieges

bis 1981: Spotpreis Arabian Light; ab 1982 OPEC-Durchschnitt
Nach https://www.tecson.de/historische-oelpreise.html, Dez. 2021

4

Gesamtpotenzial eines Rohstoffs

Kumulierte Förderung	Reserven	Ressourcen	
	technisch und wirtschaftlich gewinnbar	nachgewiesen, derzeit technisch und/oder wirtschaftlich nicht gewinnbar	nicht nachgewiesen, geologisch möglich

verbleibendes Potenzial
Gesamtpotenzial eines Rohstoffes

5

Idealtypischer Verlauf der Förderung eines nicht erneuerbaren Rohstoffs

Produktion – Anstieg der Produktion – Plateauphase – dmp (depletion mid-point) – Abfall der Produktion – Zeit

6

Erdöl und Erdgas als strategische Rohstoffe

„Öl setzt mehr in Bewegung als Autos und Flugzeuge. Öl befeuert militärische Macht, nationalen Reichtum und internationale Politik."

Diese Aussage des US-amerikanischen Energieexperten Robert E. Ebel verdeutlicht, warum wir bei Erdöl (und Erdgas) von einem strategischen Rohstoff sprechen. Wie sehr besonders Erdöl mit globalen politischen und ökonomischen Vorgängen verknüpft ist, zeigt die Grafik 4 zur Entwicklung des Ölpreises seit 1975. Immer wieder führten krisenhafte Entwicklungen zu weltweiten Rezessionen und damit zu einem Nachfragerückgang und zum Preisverfall – oder auch zu starken Preisanstiegen. Lange Zeit ging man davon aus, dass die Bedeutung von Öl und Gas mit einem absehbaren Förderende automatisch nachlassen würde. Denn der Reichweite der Ressourcen sind Grenzen gesetzt. Erdgas ist zwar noch für lange Zeit in ausreichenden Mengen vorhanden, aber beim wichtigeren Erdöl schien schon vor Jahren der „Peak Oil", der Scheitelpunkt der weltweiten Ölförderung, überschritten. Doch steigende Weltmarktpreise rückten Fördertechniken in den Blickpunkt, die bis vor einigen Jahren noch als zu aufwendig und nicht wirtschaftlich galten. Dadurch wurden sogenannte nicht-konventionelle Lagerstätten nutzbar. Ölsande ließen Kanadas Förderung stark steigen, und Fracking katapultierte die USA sogar an die Spitze aller Förderländer.

In Nordafrika und Vorderasien handelt es sich dagegen um konventionelle Lagerstätten, allerdings mit einem erheblichen verbleibenden Potenzial. Eine besondere strategische Bedeutung haben in der Region drei Aspekte:
- die starke Rolle der Ölexporteure am Persischen Golf als Rückgrat der OPEC,
- das Vorhandensein global wichtiger Transportnadelöhre wie der Straße von Hormus, des Suezkanals (vgl. S. 54 und Titelbild) und des Bab el Mandeb (als Teil der früheren Sklavenhandelsroute von Ostafrika das „Tor der Tränen"),
- die politische Instabilität in etlichen Ländern dieser Region.

3 Erstellen Sie eine Übersicht mit Faktoren, die für die Ölpreisentwicklung auf dem Weltmarkt verantwortlich sind.

4 Analysieren Sie Karte 7.

D18 Kopiervorlage Peak Oil

D19 Infoblatt Erdölverarbeitung

OPEC und OPEC+

Außer Ägypten, Katar und Bahrain gehören alle anderen Öl- und Gasförderländer der Region Nordafrika/Vorderasien zur OPEC (Organization of the Petroleum Exporting Countries – Tabelle 8). Ziel dieses 1960 gegründeten Kartells, das aktuell 13 Mitglieder hat, ist es, durch eine gemeinsame Politik gegenüber Ölgesellschaften und Verbraucherstaaten den Rohölpreis zu schützen und die Einnahmen aus den Ölexporten hochzuhalten. Dem dienen regelmäßige Treffen am (neutralen) OPEC-Sitz in Wien. In gemeinsamen Absprachen werden bis heute die Fördermengen und damit auch der Rohölpreis der aktuellen Situation auf dem Weltmarkt angepasst.

Von besonderem Einfluss ist hierbei Saudi-Arabien als der weltgrößte Exporteur. Das zeigt u.a. ein Rückblick auf die Jahre 1973–1975, die Zeit der ersten **„Ölkrise"**. Unter Führung des Königreichs wurde Öl als „Waffe" gegen den Westen eingesetzt, der Israel im sogenannten Sechstage-Krieg gegen die arabischen Nachbarstaaten unterstützt hatte. Die Drosselung der Förderung ließ den Ölpreis um 70 % steigen und stürzte so die Welt in die größte Rezession nach dem Zweiten Weltkrieg.

Allerdings halten sich immer wieder einige Länder nicht an die Absprachen. Sie produzieren mehr und verkaufen zu günstigeren Preisen, z.B. um kostenintensive Projekte im eigenen Land zu finanzieren. Hinzu kommen innerhalb der OPEC territoriale, ethnische oder religiös bedingte Konflikte, die eine gemeinsame Position erschweren und die Macht der Organisation bröckeln lassen. Dazu trägt aber auch bei, dass die Nichtmitglieder USA, Kanada und Brasilien, also nur drei Staaten, immerhin ein Fünftel der Welterdölförderung bestreiten. Das ist nicht viel weniger, als das Kartell selbst produziert. Um Einfluss zurückzugewinnen, hat sich die „OPEC+" etabliert. Zu den 13 OPEC-Staaten sind 10 weitere Ölförderländer hinzugekommen. Sie sollen das Gewicht der Absprachen deutlich stärken. Allerdings hat das Jahr 2021 gezeigt, wie schwierig eine Konsensfindung in einer so großen Gruppe ist. Es dauerte Monate, ehe man sich angesichts der Corona-Krise auf gemeinsame Förderquoten einigte.

5 Charakterisieren Sie die Rolle der OPEC (Ziele, Bedeutung, Möglichkeiten, Grenzen).

6 Überprüfen Sie, ob Erdöl und Erdgas berechtigterweise als „strategische Rohstoffe" bezeichnet werden.

7 Regionale Verteilung von Erdöl und Erdgas 2019
Nach Bundesanstalt für Geowissenschaften und Rohstoffe, auf
https://www.bgr.bund.de/DE/Themen/Energie/Erdoel/erdoel_node.html
https://www.bgr.bund.de/DE/Themen/Energie/Erdgas/erdgas_node.html, jeweils Dez. 2020

Erdölförderung 2021 (in Mio. Barrel/Tag – im Jahresdurchschnitt)	
OPEC-Staaten (13)	24,36
Saudi-Arabien	8,53
Irak	3,98
VAE	2,65
Iran	2,47
Kuwait	2,36
Nigeria	1,32
Libyen	1,16
Angola	1,08
Algerien	0,88
Venezuela	0,53
Republik Kongo	0,27
Gabun	0,17
Äquatorialguinea	0,12
USA	11,22
Russland	10,72
Kanada	5,50*
Brasilien	3,67*
Mexiko	1,71**
Indonesien	0,78**
Welt	88,40

* 2020   ** 2019

Zusammenstellung des Autors nach verschiedenen Quellen, u.a. statista.de, Dez. 2021

8

Erdölförderung der OPEC+ Staaten 2019 (in Mio. Barrel/Tag – im Jahresdurchschnitt)	
Russland	10,72*
Kasachstan	1,93
Mexiko	1,71
Oman	0,97
Aserbaidschan	0,78
Malaysia	0,65
Süd-Sudan	0,16
Brunei	0,11
Sudan	0,10
Bahrain	nur Erdgasförderung**

* 2021
** In Bahrain wurde 2018 angeblich ein großes Erdölvorkommen mit rund 80 Mrd. Barrel an Reserven entdeckt; ein Förderbeginn steht jedoch noch aus (Stand 2021).

Zusammenstellung des Autors nach verschiedenen Quellen, u.a. statista.de, Dez. 2021

9

3.2 Erdöl- und Erdgasförderung in Nordafrika und Vorderasien

10 Nordafrika/Vorderasien: Erdöl und Erdgas – Förderung, Transport, Verarbeitung

11 Lagerstätten von Erdöl und Erdgas unter dem Sattelscheitel einer Antiklinale

Ein Rohstoff revolutioniert eine Region

„Nachdem der britische Abenteurer und Geschäftsmann William Knox d'Arcy 1908 nahe der südpersischen Stadt Masdschede Soleiman erstmals fündig geworden war, gründete er die Anglo-Persian Oil Company. Kurz darauf trat er seine Anteile an die britische Regierung ab, die das ‚Schwarze Gold' schon im Ersten Weltkrieg zur Umrüstung von Kohle- auf Ölfeuerung nutzte …

Während die Al Sa'ud, die namensgebende Herrscherfamilie des mit den umfangreichsten Vorkommen an Bodenschätzen gesegneten Landes – Saudi-Arabien – 1932 ein zentralarabisches Königreich errichtete, befanden sich die übrigen fünf [heute Oman, Kuwait, Katar, Bahrein und die Vereinigten Arabischen Emirate (VAE)] in Abhängigkeit von Großbritannien … Die Bevölkerung ernährte sich von Fischfang, Bootsbau, Dattelzucht und Perlenfischerei. In diese Ruhe brach der Erdölboom wie ein Wirbelsturm herein. Plötzlich entschied der Besitz von einigen Quadratkilometern vordem scheinbar wertloser Wüste über den steten Gewinn von Dollarmillionen."

Henner Fürtig: Das Wirtschaftszentrum des Vorderen Orients. In: Praxis Geographie, 34. Jg. Braunschweig: Westermann 2005, S. 32

12

Mit dem starken Anstieg des Weltbedarfs an Erdöl und Erdgas nach dem Zweiten Weltkrieg erlangten die konkurrenzlos leicht erschließbaren Ölfelder in Nordafrika und im Nahen Osten einen rasanten Bedeutungszuwachs. Früh hatten sich amerikanische und europäische Ölkonzerne große Territorien als Konzessionsgebiete gesichert. Hier erschlossen und förderten sie abgaben- und regelungsfrei die Vorkommen und exportierten die gewonnenen Ressourcen zollfrei in ihre Heimatländer, um sie dort zu verarbeiten. In den Förderregionen verblieb dagegen kaum etwas vom erzielten Gewinn. So ist es nicht verwunderlich, dass noch in den 1960er-Jahren in Europa ein Liter Benzin umgerechnet nur um die 30 Euro-Cent kostete.

Nach der Erlangung der Unabhängigkeit wollten selbstbewusste Politiker und Monarchen im Iran und in den arabischen Staaten diese Situation nicht länger hinnehmen. Sie forderten eine stärkere Partizipation an der Förderung und vor allem an den Gewinnen. In der Folge brach man die Macht der Ölmultis, vor allem durch die Verstaatlichung der Öl- und Gasquellen und durch die restriktive Kontrolle der ausländischen Konzessionäre.

Schließlich gründeten einige Staaten eigene Ölfirmen. Hier ist besonders Saudi-Arabien zu nennen, dessen staatlicher Ölkonzern Aramco heute nach seinem Börsenwert zu den drei wertvollsten Unternehmen der Welt gehört.

Einen weiteren Aufschwung erlebte die Region nach der Gründung der OPEC, die entscheidenden Einfluss auf den Weltölmarkt nehmen konnte. Als seit den 1970er-Jahren der Weltmarktpreis für Erdöl stark anstieg, begann ein enormer Zufluss an Devisen in die Ölstaaten. Damit importierte man zuerst Luxusgüter und finanzierte prestigeträchtige Vorzeigeobjekte. Später wurde jedoch auch in die Modernisierung der eigenen Wirtschaft investiert.

Nicht überall brachte der Ölreichtum gleichzeitig politische Stabilität und ökonomischen Fortschritt, wie einige Beispiele zeigen: In Libyen, einem der früher bedeutendsten Ölexporteure, herrscht seit 2011 Bürgerkrieg. Auch beim Nachbarn Algerien kommt es immer wieder zu Massenprotesten und politischen Umbrüchen. Im Iran leidet der Ölsektor stark unter den Sanktionen des Westens gegenüber dem islamistischen Regime, sodass sich das Land trotz seiner großen Erdölvorkommen in einer tiefen Wirtschaftskrise befindet.

Ein Problem stellt schließlich auch die Endlichkeit der Ressourcen dar. Verstärkt werden daher Investitionen für die „Zeit nach dem Öl" getätigt, wofür Dubai oder Katar herausragende Beispiele sind (vgl. die Kap. 4 und 5). Oder man versucht – wie z.B. in Algerien – neue Öl- und Gasvorkommen zu erschließen.

Fallbeispiel: Erdgas aus der Wüste – Algeriens Zukunftssicherung mit deutscher Unterstützung.

Entwicklung der Erdgasförderung in Algerien

https://de.statista.com/statistik/daten/studie/40786/umfrage/algerien---erdgasproduktion-in-milliarden-kubikmeter/, Dez. 2021

13

14 Algerien – Erdgas für das südliche Europa

Algerien – Projekt Reggane Nord

„Der Öl- und Gassektor ist das Rückgrat der algerischen Wirtschaft. Das Erdgasprojekt Reggane Nord soll ihn noch einmal entscheidend voranbringen. Dafür wirkt Wintershall Dea an dem geologisch wie logistisch anspruchsvollen Vorhaben mit. Das Unternehmen ist mit 19,5 Prozent an Reggane Nord beteiligt. ... Das Reggane-Nord-Projekt umfasst sechs Felder ... und ist das erste Gasprojekt, das in der vielversprechenden Region in Betrieb genommen wurde: Nach einer umfangreichen und herausfordernden Feldentwicklung startete die Produktion im Dezember 2017. Wintershall Dea hat gemeinsam mit den Konsortialpartnern eine zentrale Aufbereitungsanlage sowie eine beachtliche Infrastruktur zur Verarbeitung des produzierten Gases aufgebaut: ein 209 Kilometer langes Gastransport-System, über 160 Kilometer Straßen- und Verkehrswege sowie eine 74 Kilometer lange Pipeline, die das Projekt an Algeriens Exportanlagen anbindet."

Wintershall Dea AG, auf https://wintershalldea.com/de/wo-wir-sind/algerien, Dez. 2021

15

7 Beschreiben Sie die Verteilung der Öl- und Gasvorkommen in Nordafrika und Vorderasien.

8 Stellen Sie die Entwicklung der Erdöl- und Erdgaswirtschaft in der Region dar.

9 Beurteilen Sie unter Einbezug des Fallbeispiels Algerien diese Entwicklung aus der Sicht der exportierenden und der importierenden Staaten.

3.3 Entwicklung durch Erdöl und Erdgas?

Zu den zentralen Herausforderungen der Erdöl und Erdgas exportierenden Staaten gehört die ökonomische und gesellschaftliche Bewältigung der Zukunft. Im Mittelpunkt steht ihr Versuch, mithilfe gegenwärtiger Einnahmen Strukturen zu schaffen, die eine wirtschaftliche Tragfähigkeit bieten. Im Folgenden soll dies exemplarisch an den drei Golfstaaten Saudi-Arabien, Vereinigte Arabische Emirate (VAE) und Oman untersucht werden.

10 Saudi-Arabien, VAE und Oman – unterschiedliche Entwicklungswege in die Zeit nach dem Öl:
a) Vergleichen Sie anhand ausgewählter Indikatoren den Entwicklungsstand der drei Staaten (Tabelle 16).
b) Erläutern Sie ihre wirtschaftlichen Entwicklungstendenzen – auch unter dem Einfluss von Erdöl und Erdgas.
c) Beurteilen Sie die Zukunftsperspektiven der drei Länder.

Königreich Saudi-Arabien

Obwohl Saudi-Arabien zu den reichsten Staaten der Welt gehört, steht das Land doch vor bedeutenden Herausforderungen:
– Durch das Vorhandensein der beiden heiligsten Städte des Islam, Mekka und Medina, betrachtet sich das saudische Königshaus als Hüter der Religion. Religiöse Differenzen im Islam werden aber auch als Vorwand dafür genutzt, dass sich das Land massiv in regionalen Konflikten engagiert. Alleine das militärische Engagement im Jemen verschlingt selbst für Saudi-Arabien große Summen.
– Die Wirtschaft weist eine viel zu einseitige Ausrichtung auf den Rohstoffsektor auf. Man ist extrem abhängig von Förderung und Export von Erdöl.
– Vor allem die junge Bevölkerung erwartet vom Königshaus nicht nur eine politische Öffnung, sondern auch eine modernere Bildungs- und Wirtschaftsstruktur mit zukunftsorientierten Arbeitsplätzen.
– Das Land hat aufgrund seiner naturräumlichen Ausstattung ein enormes Nahrungsmitteldefizit, besonders auch angesichts einer stark wachsenden Bevölkerung.
– Es gibt zu große **regionale Disparitäten**.

Kurzcharakteristik Geschichte/Politik:
Saudi-Arabien war lange Zeit ein Teil des Osmanischen Reichs. Zwischen 1902 und 1930 gelangen unter dem fundamentalistischen Wahabiten-Sultan Ibn Saud zahlreiche Eroberungen, und 1932 gründet er schließlich den Staat Saudi-Arabien. Seitdem handelt es sich um ein absolutistisches Königreich. Das Land ist auch heute islamisch-konservativ mit dem Islam in der Form des Wahhabismus als Staatsreligion. Daher wird die Scharia mit ihren harten Strafen als grundlegendes Gesetz angewendet. Die Situation der Menschenrechte und vor allem auch der Frauenrechte gilt als problematisch. Leichte Verbesserungen ergeben sich durch einen gewissen Liberalisierungskurs unter Kronprinz Salman, der z.B. den Führerschein für Frauen erlaubte. Seit 2014 besitzen sie auch das Wahlrecht (s. auch Kap. 6). Politische Opposition wird dagegen nicht geduldet, sodass auch die Wahlen keinen demokratischen Prinzipien entsprechen.

Ausgewählte Daten zu den drei Untersuchungsländern

	Saudi-Arabien	VAE	Oman
Einwohner (Mio.)	35,5	11,1	4,6
Anteil der Gastarbeiter (%)	ca. 32	ca. 63	ca. 48
Lebenserwartung (Jahre bei Geburt)	73,9	78,0	76,3
Alphabetisierungsrate (%)	95,3	93,8	95,7
Bildungsausgaben, Anteil am BIP (%)	5,1	3,9	4,3
BIP/Kopf (KKP-$)	22 700	34 828	16 212
BIP nach Beschäftigten (%)			
Landwirtschaft	2,3	1,4	4,6
Industrie	24,8*	34,2*	32,8*
Dienstleistungen	72,9	64,4	62,7
Ölförderung (Mio. t)	520,4	165,6	101,4
Öleinnahmen (Mrd. US-$)	230,0	66,2	49,1
Anteil am BIP (%)	42,1	30,0	26,9
CO_2-Emissionen/Kopf (t)	18,6	23,0	17,6
Korruptionsindex CPI (Wert)	53	71	52
Weltrang (180 Staaten)	52	21	56
HDI (Wert)	0,854	0,890	0,821
Weltrang (189 Staaten)	40	31	48

*einschließlich Öl- und Gassektor

Zusammenstellung Autor nach verschiedenen Quellen, u.a. GTAI: Wirtschaftsdaten kompakt, statista.de, undp.org

Entstehung des saudischen BIP nach Branchen 2019 (in %-Anteilen)

- 2,2 % Land-/Forst-/Fischwirtschaft
- 41,9 % Bergbau/Industrie
- 5,5 % Baugewerbe
- 10,0 % Handel/Gaststätten/Hotels
- 6,1 % Transport/Logistik/Kommunikation
- 34,3 % Sonstige

Nach GTAI: Saudi-Arabien Wirtschaftsdaten kompakt, Mai 2021

18

Economic Cities

Als ein Lösungsweg, die ökonomische Struktur zu verbessern, gilt das Projekt der „Economic Cities". Diese vier Städte (zwei weitere sind in Planung) haben unterschiedliche Schwerpunkte, aber auch zentrale Gemeinsamkeiten. Zu ihnen gehört ihre Gestaltung als Sonderwirtschaftszone. Erleichterungen bei Steuern und Finanzen, großzügige Verwaltung sowie Zollfreiheit sollen Investoren anlocken.

20 Modell der King Abdullah Economic City bei Rabigh

Entwicklung des BIP

	Saudi-Arabien
2018	+2,4
2019	+0,3
2020	−4,1
2021	+2,9
2022 (Prognose)	+4,0 (Prognose)

Nach GTAI: Saudi-Arabien Wirtschaftsdaten kompakt, Mai 2021

21

Saudische Exporte und Importe nach den wichtigsten Gütern (Anteile in % am jeweiligen Gesamtvolumen 2019)

Gesamtexporte: 251,8 Mrd. US-$		Gesamtimporte: 144,3 Mrd. US-$	
Erdöl, Erdgas	80,4	Nahrungsmittel	12,3
Chemische Produkte	14,5	Chemische Erzeugnisse	11,2
Nahrungsmittel	1,2	KFZ	10,4
NE-Metalle	0,8	Maschinen	10,2
Rohstoffe	0,7	Elektronik	8,1
		Sonstige Fahrzeuge	6,2
		Textilien/Bekleidung	4,2

Nach GTAI: Saudi-Arabien Wirtschaftsdaten kompakt, Mai 2021

19

Hael: Logistik und Transport, internationaler Flughafen, Petrochemie, Agrikultur, Wissenschaft

Madinah: Hightech-Park, Forschung, Medizin, Biotechnologie, Büros

Rabigh: Hafen und Logistik, Leichtindustrie, Bildung, Resorts, Wohnen; Ausbau-Ende: 27 Mrd. US-$ Investitionen, 168 km² Fläche, 2 Mio. Einwohner, 1 Mio. Arbeitsplätze (s. Material 20)

Jazan: Industriepark, Gesundheit und Erziehung, Verpackung und Distribution von Agrarprodukten

22 Economic Cities: Lage und Branchenschwerpunkte

Objective of the economic cities

To grow the national economy and raise the standard of living for Saudis through:

– Enhancing the competitiveness of the Saudi economy
– Creating new jobs
– Improving Saudis' skill levels
– Developing the regions
– Diversifying the economy

Economic Cities in 2020

GDP	USD 150 bn
GDP/capita	USD 33 500
Jobs	1,3 Mio.
Population	4,5 Mio.

Nach Saudi Arabian General Investment Authority, Economic Cities Agency: Saudi Arabia's Economic Cities, o. J., S. 4 u. 6.

23

3.3 Erdöl und Erdgas als Entwicklungsmotoren und Konfliktpotenzial

Vereinigte Arabische Emirate (VAE)

24 Vereinigte Arabische Emirate – Wirtschaft und politische Gliederung

27 Entstehung des BIP der VAE nach Branchen 2019 (in %-Anteilen)

- 0,7 % Land-/Forst-/Fischwirtschaft
- 37,7 % Bergbau/Industrie
- 8,4 % Baugewerbe
- 14,5 % Handel/Gaststätten/Hotels
- 8,8 % Transport/Logistik/Kommunikation
- 29,8 % Sonstige

Nach GTAI: VAE Wirtschaftsdaten kompakt, Mai 2021

Kurzcharakteristik Geschichte/Politik:

Bis 1970 existierten Protektoratsverträge zwischen verschiedenen Emiraten und Großbritannien. Deren Ende ließ dann 1971 die unabhängigen Vereinigten Arabischen Emirate entstehen, deren Hauptstadt Abu Dhabi City ist. Scheich Zayid, Emir von Abu Dhabi, regierte als erster Regierungschef bis zu seinem Tod 2004. Auch aktuell ist der Scheich dieses Teilstaates Präsident der VAE. Islam ist, wie bei den übrigen Golfstaaten, Staatsreligion. Die VAE steuern insgesamt einen pro-westlichen Kurs, und sie sind in ihren politischen Zielen verknüpft mit Saudi-Arabien. Die sieben Emirate kooperieren gut, wenn auch deutliche Entwicklungsunterschiede bestehen. Als ökonomisch und politisch besonders einflussreich gilt neben Abu Dhabi das Emirat Dubai.

25

Entwicklung des BIP

	VAE
2018	+1,2
2019	+1,7
2020	-5,9
2021	+3,1
2022 (Prognose)	+2,6

Nach GTAI: VAE Wirtschaftsdaten kompakt, Mai 2021

26

Obwohl das ölreiche Abu Dhabi die eigentliche Führungsrolle innerhalb der VAE einnimmt, hat das benachbarte Dubai einen ungleich höheren Bekanntheitsgrad. Das liegt vor allem an baulichen Projekten wie dem Burj Khalifa, dem höchsten Wolkenkratzer der Welt, oder zahlreichen Bauten für den **Tourismus**, wie beispielsweise die künstlichen Resort-Inseln von Jumeirah Palm oder die weltweit größte Indoor-Skihalle. Für Dubais Zukunft mindestens genauso bedeutsam sind allerdings Projekte wie der Hafenausbau oder der neue Großflughafen (vgl. Teilkapitel 4.2).
Da man schon vor zwei Jahrzehnten das heutige Ende der „Öl-Zeit" im Blick hatte, setzte Dubai auf einen rigorosen wirtschaftlichen Wandel. Seine Säulen sind Handel und Verkehr, Industrialisierung und eine massive Bautätigkeit, Dienstleistungen für Privatkunden und Firmen sowie Tourismus. Aufgrund des Mangels an Öl muss man für den Wandel z.T. allerdings Geld leihen, sodass die Verschuldung 2020 bei 135 Mrd. US-$ lag, das sind ca. 130 % des **BIP**. Hauptgläubiger ist Abu Dhabi.

Exporte und Importe der VAE nach wichtigsten Gütern (Anteile in % am jeweiligen Gesamtvolumen 2019)

Gesamtexporte: 389,4 Mrd. US-$		Gesamtimporte: 288,4 Mrd. US-$	
Erdöl	31,7	Petrochemische und chemische Produkte	23,8
Petrochemische und chemische Produkte	20,3	Elektronik/Elektrotechnik	15,0
Elektronik	7,9	Gold	11,1
Erdgas	6,2	Maschinen	7,3
Gold	4,9	KFZ	6,7
Nichtmetallische Mineralien	3,5	Nahrungsmittel	5,1
Maschinen	3,2		

Nach GTAI: VAE Wirtschaftsdaten kompakt, Mai 2021

28

D 20 Kopiervorlage VAE – Entwicklungsprojekte
D 21 Infoblatt Palm Islands
V 2 Video City-Tour Dubai

Karte: Dubai City

Persischer Golf

Dubai Waterfront — Erdgasimporte aus Abu Dhabi — The World (geringe Bebauungsfortschritte) — The Universe — Deira Palm — Palm Jebel Ali — Palm Jumeirah

1 Dubai Industrial City
2 Dubai Investments Park
3 Jebel Ali Business Centre
4 Dubai Sports City
5 Arabian Ranches
6 Global Village
7 Burj Al Arab (321 m hoch)
8 Emirates Hills
9 Academic City
10 Dubai Silicon Oasis
11 Burj Khalifa (828 m hoch)
12 International City
13 Dubai Festival City
14 Maritime City
15 DubaiLand
16 Dubai Safari Park

Palast der Herrscherfamilie · Techno Park · Containerhafen · Freihandelszone Jebel Ali · Gaskraftwerk (8,6 GW) · Meerwasserentsalzungsanlage · Dubai Marina · Media City (Freihandelszone) · Internet City (Freihandelszone) · Skihalle · Rennbahn · Dubai Opera · Emirates Towers (354 m) · Dubai International Airport · Autodrom · Kamelrennbahn · Nad Al Sheba Naturreservat · Dubai World Central (Al Maktoum International Airport) Fertigstellung 2025 · Expo 2020 Weltausstellung, aufgrund Corona-Pandemie auf 2021/2022 verschoben · Solarpark (5GW, 95% des Strombedarfs von Dubai) Fertigstellung 2025 · The Villa (Eröffnung 2020–2021)

Legende: Wohngebiet · Geschäfts- und Einkaufsviertel · Geschäfts- und Wohnviertel · Industrie- und Gewerbegebiet · Technologiepark · höhere Bildungseinrichtung · Vergnügen und Sport · Parkanlage · Sandgebiet · Projekte (im Bau oder Planung) · realisiertes Projekt · zurückgestelltes/aufgegebenes Projekt · bedeutendes Bauwerk · Luxushotel · Hauptstraße · sonstige Straße · Dubai Metro, meist als Hochbahn bis 2030 · Flughafen · Emiratsgrenze

29 Dubai City – Stadt der Zukunft?

Arbeitsbedingungen in Dubai 2019
(Gehälter in VAR-Dirham (= 0,27 US-$, Jan. 2021)

	(Anteil an allen Beschäftigten in %)	
	Emirati	Gastarbeiter
Gehalt		
>35 000	13,0	4,2
20 000–34 999	39,0	6,3
10 000–19 999	41,9	10,9
5 000–9 999	5,9	12,9
2 500–4 999	0,2	21,0
<2 499	0,0	44,7
Arbeitsstunden pro Woche		
>49	3,4	38,2
40–48	45,2	58,9
35–39	49,6	2,0
<35	1,8	0,9

Nach Dubai Statistics: Labour (dsc.gov.ae), Dez. 2020

30

Dubai – Tourismus im Jahr 2020

Eigentlich hatte man im Jahr 2020, auch wegen der „Expo" (Weltausstellung), einen Anstieg der ausländischen Touristenzahlen von 16,7 auf rund 25 Mio. geplant. Corona ließ diese Erwartungen jedoch platzen. Am 19. März 2020 schloss das Emirat seine Grenzen. Zwar wurde dieser Einreisestopp am 7. Juli 2020 bereits wieder aufgehoben, in den dreieinhalb Monaten aber war der Tourismus komplett zum Erliegen gekommen. Auch danach erholte er sich nur sehr langsam, da Dubai in vielen Ländern, z. B. auch in Deutschland, noch immer zum Risikogebiet erklärt war. Dazu kamen erhebliche Corona-bedingte Einschränkungen, wie beispielsweise Tests und Quarantänevorschriften oder die verminderte Nutzung touristischer Einrichtungen. Und: Die Weltausstellung wurde schließlich um ein Jahr auf Oktober 2021 bis März 2022 verschoben. Wie in vielen Tourismusdestinationen geht die World Tourism Organization der UNO auch für Dubai mit einem Besucher- und Einnahmerückgang von rund 70% für 2020 aus. In früheren Krisenzeiten kam immer wieder das ölreiche Abu Dhabi mit Krediten dem Nachbarn Dubai zu Hilfe. Der ebenfalls Corona-bedingte starke Einbruch auf dem Welt-Ölmarkt ließ das 2020 jedoch nicht zu. Dubai und sein internationaler Tourismus sind also besonders pandemieanfällig. Doch wo liegt eine Lösung?

31

3.3 Erdöl und Erdgas als Entwicklungsmotoren und Konfliktpotenzial

Sultanat Oman

Oman gehört zu den Staaten, die in der Wahrnehmung der Golfregion nicht so präsent sind wie z. B. Saudi-Arabien oder die VAE und hier vor allem Dubai. Allerdings stand das Land genau wie diese vor der Herausforderung, sehr traditionelle Strukturen aufzubrechen, um sowohl eine gesellschaftliche als auch eine wirtschaftliche Entwicklung in Gang zu setzen. Dabei setzt das Herrscherhaus auf drei Säulen, nämlich **Tourismus**, Industrie und Bildung. Auf dieser Basis soll die Modernisierung des Landes vorangetrieben und damit seine Zukunftsfähigkeit garantiert werden.

32 Sultanat Oman – Wirtschaft

Entwicklung des BIP

	Oman
2018	+0,9
2019	-0,8
2020	-6,4
2021	+1,8
2022 (Prognose)	+7,4

Nach GTAI: Oman Wirtschaftsdaten kompakt, Mai 2021

33

Kurzcharakteristik Geschichte/Politik:

Schon ab dem dritten Jahrtausend v. Chr. gab es im Oman Hochkulturen. Nach einer wechselvollen Geschichte und langer selbstgewählter Isolation öffnete sich der Oman seit 1970 unter Sultan Qabus Ibn Said (gest. 2020). Das Land strebt seitdem eine konsequente Modernisierung und Öffnung vor allem nach Westen an. Allerdings ist das islamische Land auch heute noch eine absolute Monarchie, der Sultan ist Staatsoberhaupt und Regierungschef in einer Person. Regierung und Parlament haben nur beratende Funktionen. Ein Bericht der UNO nennt Oman als das Land, das weltweit in den letzten 40 Jahren in der Verbesserung seiner wirtschaftlichen und sozialen Situation die größten Fortschritte erreicht hat.

34

Entstehung des BIP von Oman nach Branchen 2019 (in %-Anteilen)

- 45,4 % Bergbau/Industrie
- 32,8 % Sonstige
- 5,6 % Transport/Logistik/Kommunikation
- 7,8 % Handel/Gaststätten/Hotels
- 6,1 % Baugewerbe
- 2,3 % Land-/Forst-/Fischwirtschaft

Nach GTAI: Oman Wirtschaftsdaten kompakt, Mai 2021

35

Exporte und Importe von Oman nach den wichtigsten Gütern (Anteile in % am jeweiligen Gesamtvolumen 2019)

Gesamtexporte: 41,8 Mrd. US-$		Gesamtimporte: 25,8 Mrd. US-$	
Erdöl	48,1	Maschinen	15,4
Erdgas	10,8	Nahrungsmittel	12,5
petrochemische Produkte	10,4	Eisen und Stahl	9,5
Erze	7,1	chemische Erzeugnisse	9,3
Eisen und Stahl	3,5	KFZ	7,5
Nahrungsmittel	3,2	Elektrotechnik	5,1
KFZ-Teile	2,4	elektronische Erzeugnisse	4,9

Nach GTAI: Oman Wirtschaftsdaten kompakt, Mai 2021

36

Tourismus

Oman treibt im Rahmen seiner Öffnung die Entwicklung des internationalen Tourismus voran. 2018 wurde das Land bereits von 2,5 Mio. Touristen besucht. Sie brachten dem Land Einnahmen von 2,52 Mrd. Euro, was rund 3,7 % des BIP entsprach. Oman wirbt mit seiner Natur, seiner Kultur und zahlreichen Aktivitäten. Dabei zielt man allerdings nicht auf Massentourismus. So stehen z. B. den 26 Drei-Sterne-Hotels des Landes 41 Vier- und Fünf-Sterne-Hotels gegenüber.

37

Industrie

„Siemens liefert für das integrierte Energie- und Wasserprojekt in der omanischen Hafenstadt Duqm mehrere Gas- und Dampfturbinen sowie digitale Lösungen ... Das Unternehmen unterstützt damit den Oman dabei, den wachsenden Energiebedarf des Landes zu decken ... Nach Fertigstellung im Jahr 2022 wird das Projekt über eine installierte Leistung von 326 Megawatt im Gas- und Dampfturbinenbetrieb verfügen und pro Tag 36 000 Kubikmeter Wasser für Raffinerie- und Petrochemie-Anlagen am Standort entsalzen können. Die Anlage ist an die Bedürfnisse des neuen Raffinerie- und Petrochemiekomplexes angepasst, der derzeit in der Sonderwirtschaftszone von Duqm entsteht. Das Projekt ergänzt den wirtschaftlichen Diversifizierungsplan des Landes, der darauf abzielt, den Industriesektor aufzubauen."

Siemens: Pressemitteilung vom 29.01.2019: Siemens gewinnt Auftrag aus dem Oman für großes Energie- und Wasserprojekt

„The Special Economic Zone of Duqm is the largest in the Middle East and North Africa, with an area of 2,000 square kilometers.
[It] contains several economic, tourism and service development zones, the most prominent are a multi-purpose port, a dry dock for repairing ships, a fishing port, a regional airport, and tourist, industrial and logistical areas."

https://www.duqm.gov.om, Dez. 2021

38

Bildung

1986 wurde die größte und einzige staatliche Universität Omans in der Hauptstadt Maskat gegründet. Benannt ist sie nach Sultan Al-Quabus, der 2020 nach fast 50-jähriger Regierungszeit starb. Die von ihm betriebene Modernisierung des Landes spiegelt sich in der Einrichtung wider. Neben Arabisch ist Englisch die zweite Studiensprache in Fachbereichen wie Medizin, Ingenieurswesen, Landwirtschaft oder Erziehungswissenschaft. Von den heute rund 20 000 Studierenden sind mehr als die Hälfte Frauen, sodass man vor Kurzem sogar eine „Jungsquote" (boys quota) eingeführt hat.

Neben der staatlichen Universität gibt es noch ca. ein Dutzend private. Zu ihnen gehört die 2007 gegründete GUTech (German University of Technology), eine Kooperation mit der RWTH Aachen. Auch bei deren 2 350 Studierenden liegt der Frauenanteil bei ca. 50 %. Das Lehrpersonal kommt aus fast 30 verschiedenen Ländern, die Lehrsprache ist Englisch. Ziel ist die Ausbildung kompetenter Absolventen in den vier Schwerpunktfächern „Nachhaltiger Tourismus und Regionalentwicklung", „Stadtplanung und Architektur", „Angewandte Geowissenschaften" und „Angewandte Informationstechnologien".
(Stand: Januar 2021)

39

3.4 Arbeitsmigration in die Ölstaaten – mit Win-win-Effekten?

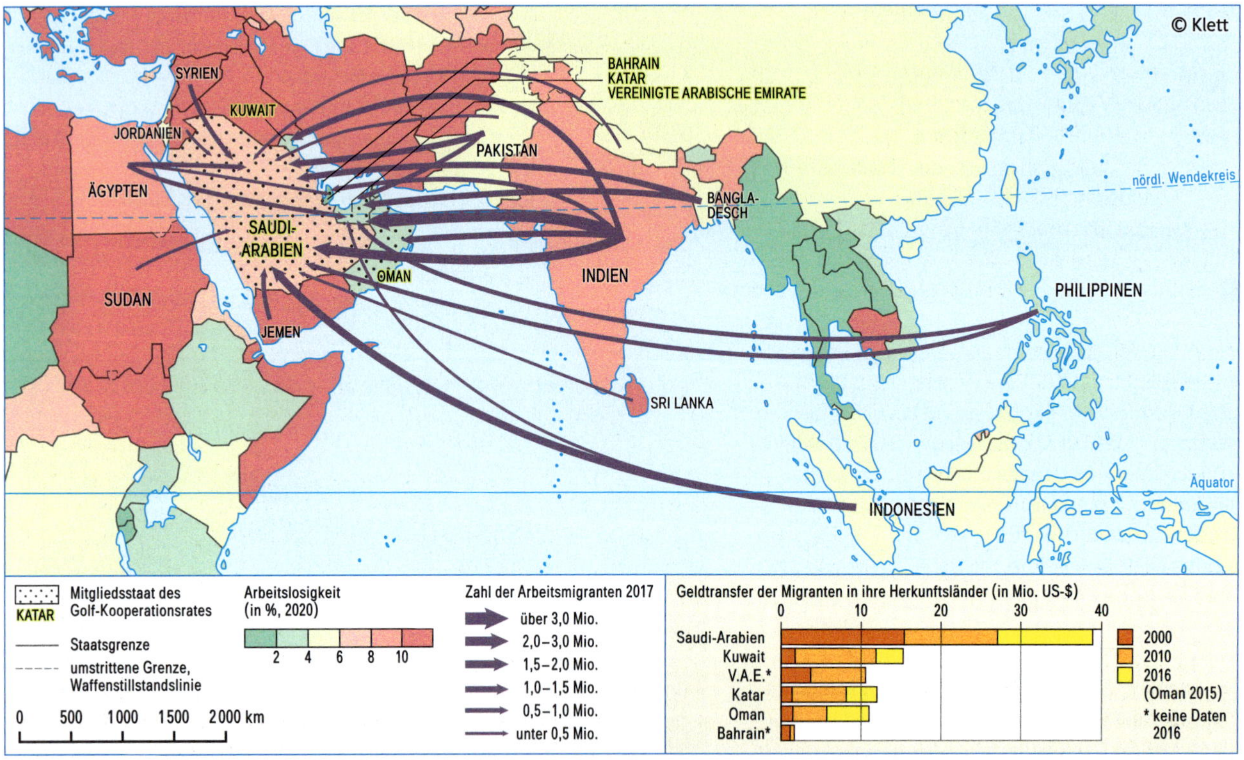

40 Arbeitsmigration in/Rücküberweisungen aus den Staaten des Golf-Kooperationsrats
World Bank: Bilateral Estimates of Migrant Stocks in 2017; Migrant remittance outflows, Abruf März 2022;
sowie World Bank: World Development Indicators – Unemployment, total (% of total labor force) (modeled ILO estimate) 2020

Wirkungen der Rücküberweisungen (remittances)

„Weltbank und OECD heben … (die) positiven makroökonomischen Effekte (der Remittances) hervor, vor allem ihre Entlastung der Zahlungsbilanzen, Verbesserung der Schuldendienst- und Importfähigkeit sowie für Investitionsspielräume der Entwicklungsländer … Ihnen (wird) eine mehrfache soziale Hebelwirkung zugebilligt, weil sie ohne Vermittlung irgendeiner nationalen oder internationalen Bürokratie direkt bei den … Familien ankommen. (Sie) verbessern deren Lebensbedingungen und ermöglichen Zugänge zum Bildungs- und Gesundheitswesen, aber auch Investitionen in den Hausbau oder den Erwerb von Land und Produktionsmitteln … Fallstudien zeigen (aber), dass … die Abhängigkeit von Subsidien der migrierten Familienangehörigen fördern und die Eigeninitiative der Zurückgebliebenen schwächen … können. Die in der Nachbarschaft sichtbare Erfolgsprämie der Migranten schafft auch Anreize für weitere Migration … Es gibt auch Zweifel am nachhaltigen entwicklungspolitischen Nutzen der Remittances, vor allem dann, wenn mit ihnen nur importierte Waren zum Konsum beschafft und … keine Produktionsanreize im Inland geschaffen werden."

Reinhard Stockmann u.a.: Entwicklungspolitik: Theorien – Probleme – Strategien, Oldenbourg Wissenschaftsverlag, München, 2010, S. 298 f.

41

Rücküberweisungen (remittances) von Arbeitsmigranten in ihre Heimatländer 2020

	Rücküberweisungen (Mrd. US-$)	Anteil am BIP des Landes (%)
Indien	68,97	55,6
Philippinen	32,81	31,5
Pakistan	19,66	69,7
Bangladesch	13,47	54,0
Indonesien	9,00	51,3
Sri Lanka	7,19	50,6
Nepal	6,95	70,4
Myanmar	0,72	27,1

Nach KNOMAD: Migration and development brief 34 vom Mai 2021

42

Die rund 30 Mio. Migranten, die in den vorderasiatischen arabischen Staaten, also vor allem in den Ländern des Golfkooperationsrats, arbeiten, stellen für das Erreichen von deren Entwicklungszielen (vgl. Kap. 3.3) einen unverzichtbaren Faktor dar. Da die eigene Bevölkerung zahlenmäßig nicht ausreicht und heute oft auch überqualifiziert ist, benötigt man **Arbeitsmigranten**. Sie verrichten einfache Beschäftigungen in den Haushalten, in der Bauindustrie, bei der Öl- und Gasförderung oder beim Pipelinebau. Aufgrund des geringen Ausbildungsbedarfs für diese Tätigkeiten können ihre Löhne entsprechend niedrig gehalten werden (vgl. S. 49, Tab. 30).

Massiv kritisiert werden von Organisationen wie Amnesty International die Arbeits- und Lebensbedingungen dieser Migranten. Markantes Beispiel hierfür ist die Vorbereitung der Fußball-WM in Katar (vgl. S. 74). Angesichts des Reichtums der Länder am Golf entsteht hier ein Konfliktpotenzial, das aufgrund von Rechtlosigkeit und Arbeitskräfteandrang jedoch selten zum Ausbruch von Aktionen führt.

Golfstaaten – Arbeitsmigranten zur Zeit der Corona-Pandemie

„Indien rüstet sich für die größte Rückholaktion seiner Bürger überhaupt ... Einer der Schwerpunkte der Rückholaktion sollen die Golfstaaten sein.
Bis zum Ausbruch der Corona-Krise hatten sich Millionen Inder auf der Arabischen Halbinsel als günstige Arbeitskräfte verdingt. Doch durch die Pandemie hatten sie ihre Arbeit verloren. Viele der ausgestellten Visa sind inzwischen abgelaufen.
Mit der Aktion reagiert Indien auf die desaströsen Umstände, unter denen viele der indischen Gastarbeiter – wie auch die aus anderen asiatischen Ländern, so etwa Pakistan und Nepal – seit Ausbruch des Virus auf der Golfhalbinsel leben. Dort hat die Pandemie ... die einkommensschwachen Wanderarbeiter besonders hart getroffen ...
So haben die Vereinigten Arabischen Emirate (VAE) eigens ihre Arbeitsgesetzgebung geändert, um es Unternehmen zu ermöglichen, die Arbeitsverträge von Ausländern aufzukündigen und Verträge umzustrukturieren. Auf dieser Grundlage können sie nun deren Löhne senken und die Beschäftigten dazu drängen, unbezahlten Urlaub zu nehmen..."

Golfstaaten: Wanderarbeiter in Not. Deutsche Welle vom 08.05.2020, auf https://www.dw.com/de, Dez. 2021

43

Zur Lage der asiatischen Arbeitskräfte im Land der Fußball-WM 2022

„In regelmäßigen Abständen berichten Medien aus Europa über menschenunwürdige Arbeitsbedingungen in Katar. Die FIFA und das Organisationskomitee halten die Todeszahlen im „Guardian" [6 500] für viel zu hoch. Sie verweisen auf Reformen, die es ohne die WM nicht geben würde. Tatsächlich ist das Kafala-System* gelockert worden, auf dem Papier. Arbeiter sollen sich leichter von ihrem Arbeitgeber lösen können. Ihnen steht das Recht auf Beschwerde zu: gegen Schikane, gegen ausbleibende Löhne, gegen die Einbehaltung ihrer Reisepässe. Doch Reformen können nur wirksam werden, wenn sich das ganze System weiterentwickelt.
In Katar gibt es keine Gewerkschaften, keine freien Medien und keine unabhängige Justiz. Arbeitgeber mit Nähe zum Regime müssen keine Konsequenzen fürchten. Daher häufen sich Berichte von verschleppten Beschwerdeverfahren und eingeschüchterten Gastarbeitern. Während der Pandemie haben viele Arbeiter ihren Job und ihre Unterkunft verloren. Trotz allem wollen viele nicht in ihre Heimat zurück, denn dort könnte es ihnen noch schlechter ergehen ..."

Ronny Blaschke: Arbeitsbedingungen beim WM-Gastgeber Katar/Sterben für den Fußball. Deutschlandfunk vom 28.02.2021, auf https://www.deutschlandfunk.de, Dez. 2021

* Kafala-System: Die Arbeitskraft ist fest an ihren Arbeitgeber gebunden. Nur mit seiner Erlaubnis darf sie etwa ausreisen oder den Job wechseln. Das System wird auch in anderen Golfstaaten angewendet. Als verschleierte Sklaverei hat es einen deutlichen Bezug zum Rentenkapitalismus (s. S. 10–11, Einführungskapitel zu diesem Buch).

44

11 ▶ Analysieren Sie Umfang und Bedeutung der Arbeitsmigration für die Golfstaaten und für die Herkunftsländer.

12 ▶ Charakterisieren Sie die Situation der Arbeitsmigranten.

13 ▶ Erörtern Sie das in der Überschrift dieses Teilkapitels aufgeworfene Problem.

14 ▶ Erstellen Sie auf Grundlage einer Internetrecherche ein Infoblatt zur aktuellen Situation von Arbeitsmigranten in den Staaten am Persischen Golf.

3.5 Erdöl und Erdgas als Konfliktpotenzial

45 Der Öltanker „Front Altair" brennt am 13.06.2019 im Golf von Oman nach einem mutmaßlichen Angriff

Öltransporte

Nicht immer sind die Bilder so dramatisch wie Mitte Juni 2019 im Golf von Oman beim Brand eines Öltankers. Dennoch ist die Situation im Persischen Golf, der Straße von Hormus und im Golf von Oman geopolitisch äußerst heikel. Das liegt nur zum kleineren Teil an der schieren Menge des täglichen Schiffsverkehrs. Der wichtigere Grund ist, dass das Erdöl in dieser Region seit Jahrzehnten auch als „Waffe" eingesetzt wird. Dabei spielen externe Mächte eine Rolle, wie die USA auf der Seite Saudi-Arabiens und seiner Verbündeten sowie Russland, das trotz manchmal schwieriger Beziehungen eher den Iran unterstützt. Der wiederum steht häufig im Mittelpunkt der Konflikte.

Neben seiner umstrittenen Atompolitik geht es dem Iran auch darum, sich als schiitisches Land radikal und feindselig von den sunnitischen Nachbarn abzugrenzen. Diese wiederum sind sich keineswegs einig. Oman, Katar und Kuwait nehmen gegenüber Iran eine eher ausgleichende Haltung ein, auch weil sie die Sicherheit der Öltransporte gewährleistet sehen wollen. Saudi-Arabien und die VAE fahren dagegen einen Konfrontationskurs.

Straße von Hormus – ein geopolitischer Brennpunkt

„Nadelöhr des Welthandels", „Hauptschlagader der Erdölversorgung", „neuralgischer Punkt der Energieversorgung": Das sind die Bilder, mit denen die Straße von Hormus beschrieben wird. Sie konzentrieren sich auf zwei Charakteristika der Meerenge zwischen dem Oman und dem Iran. Zum einen ist es eng: Streckenweise ist sie nur 38 Kilometer breit, und die Schifffahrtsrinnen sind weniger als drei Kilometer schmal. Zum anderen hat der Ort eine strategische Bedeutung wie kaum ein anderer. Ein Drittel des weltweit verschifften Öls kreuzt durch die Meerenge, 90 Prozent des aus den Golfstaaten exportierten Öls ...

2012 ... drohte [der Iran], die Meerenge zu schließen – als Antwort auf Sanktionen, mit denen Teheran dazu gebracht werden sollte, sein Atomprogramm zu überdenken. Der Iran gestattet die Durchfahrt des Schiffsverkehrs entsprechend den Bestimmungen der Seerechtskonvention, auch wenn das Land rechtlich nicht daran gebunden ist, denn Teheran hat das UN-Dokument zwar unterzeichnet, aber nicht ratifiziert – genauso wie die USA ... Die Wogen um Hormus glätteten sich, als 2015 der Atomdeal mit dem Iran unterzeichnet wurde. Doch als US-Präsident Donald Trump den Vertrag dann 2018 für null und nichtig erklärte und neue Sanktionen verhängte, wurde es auch in Hormus wieder stürmisch. Die Iraner verfolgen nun eine einfache Taktik: Wenn unser Ölsektor angegriffen wird, dann drohen wir, den Welthandel zu stören. Die Straße von Hormus ist dabei das Herzstück der Auge-um-Auge-Taktik, die der Iran im Juli [2019] auch mit dem Aufbringen des britischen Tankers „Stena Impero" verfolgt hat, nachdem der iranische Tanker „Grace 1" vor Gibraltar von britischen Truppen festgesetzt worden war. ..."

Karim El-Gawhary: Nadelöhr des Welthandels. taz vom 07.08.2019, auf https://taz.de, Dez. 2021

46

Iran: Entwicklung des BIP in % zum Vorjahr

▲ Wachstum des realen BIP in % zum Vorjahr

- **1996:** USA erlassen „Iran-Libya Sanctions Act", die Sanktionen können auch internationale Unternehmen betreffen.
- **2006:** UN-Sanktionen gegen Iran; später folgen weitere internationale Sanktionen
- **2010:** USA erweitern Sanktionen mit dem „Comprehensive Iran Sanctions, Accountability and Divestment Act"
- **2011:** USA verschärfen Sanktionen
- **2012:** EU verhängt Öl-Embargo
- **2015:** Internationales Atomkommen (JCPOA) wird unterzeichnet; Implementierung ab Januar 2016; Sanktionen werden schrittweise aufgehoben
- **2018:** USA steigen aus dem JCPOA aus; Sanktionen werden erneuert

Das Sanktionsregime gegen die Islamische Republik beginnt 1979: Die USA verhängen Strafmaßnahmen infolge der Geiselnahme in der US-Botschaft in Teheran. Seit 1996 richten die USA die Sanktionen teils auch gegen internationale Firmen. Dabei variiert die Ausweitung auf Nicht-US-Firmen und ist z. B. abhängig vom Geschäftsvolumen. Seit den 1990er-Jahren richtet sich das Sanktionsregime gegen ein mögliches Atomprogramm Irans. Neben den USA verhängen auch die EU sowie die Vereinten Nationen Sanktionen gegen Iran.

Nach Bijan Khajehpour: In der Coronakrise sind die Sanktionen eine Katastrophe für Iran, auf Bundeszentrale für politische Bildung, Bonn, vom 25.3.2020

47

Iran-Sanktionen

Die Historie der Sanktionspolitik gegenüber dem streng islamischen Iran begann Mitte der 1990er-Jahre und gewann rund zehn Jahre später durch die Auseinandersetzungen um die iranische Atompolitik stark an Dynamik. Der Vorwurf vor allem der USA und der EU geht dahin, dass Iran eigene Atomwaffen anstrebt und deshalb Anlagen zur Urananreicherung baut. Dadurch sieht der Westen vor allem Israel bedroht, aber auch andere Iran-Gegnerstaaten am Golf selbst.

Die Sanktionen umfassen mehrere ökonomische Bereiche. Dazu gehören z. B. das erzwungene Abbrechen von Unternehmenskontakten und von Investitionen oder massive Einschränkungen im Finanzverkehr. Einen Kernbereich stellt der Warenhandel des Iran mit Nordamerika und Europa dar. Besonders die für den Iran lebenswichtigen Erdölexporte sind betroffen. Dagegen besteht ein Embargo. Die Sanktionen, gerade im Ölsektor, haben das Land mittlerweile in eine tiefe Rezession gestürzt.

Profiteur China?

„Wer schon einmal in Teheran war, kennt die überfüllten Straßen mit teils kilometerlangen Staus ... Auffällig: Immer öfter sitzen die Fahrer in chinesischen Pkw-Modellen. Auf großen Werbetafeln am Straßenrand machen die Hersteller für die Autos Werbung: Vom schlichten Kleinwagen bis hin zum sportlichen SUV ist alles dabei. Der Preis ist dabei wesentlich günstiger als der europäischer oder koreanischer Modelle. Der Grund: Mittlerweile wird im Iran produziert, oft in Kooperation mit lokalen Marktführern ...
Rund 400 Milliarden Dollar will China in den nächsten 25 Jahren in den Iran investieren. Vor allem in die Bereiche Energie, Verkehr und Telekommunikation, meist geht es um Geschäfte staatlicher Unternehmen. Im Gegenzug verpflichtet sich der Iran dazu, günstig Öl zu liefern. China ist abhängig von Erdölimporten, schon jetzt stammen rund 40 Prozent aus der Region im Persischen Golf. Die Partnerschaft ist für China Teil seiner ambitionierten Initiative „One Belt, One Road", die an die historische Seidenstraße anknüpft ..." (vgl. Teilkap. 4.1, S. 58–59)

Katharina Willinger vom 09.04.2021: China füllt die Lücke im Iran, auf https://www.tagesschau.de/wirtschaft/weltwirtschaft/iran-china-105.html, Dez. 2021

48

---

15 Beschreiben Sie auf Grundlage einer Internetrecherche das Schiffsverkehrsaufkommen in der Straße von Hormus.

16 Erklären Sie die Bezeichnung der Straße von Hormus als „neuralgischen Punkt der Energieversorgung".

17 Entwicklung des iranischen BIP:
a) Beschreiben Sie die Entwicklung zwischen 1995 und 2019.
b) Begründen Sie diese Entwicklung.
c) Nehmen Sie Stellung zur Rolle Chinas bei der Wertschöpfung im Iran.

18 Analysieren Sie mithilfe des Internets die aktuelle Situation im Hinblick auf die Überschrift dieses Teilkapitels.

4 Investitionen als Zukunftssicherung

Viele Staaten Nordafrikas und Vorderasiens stehen vor drei ökonomischen Herausforderungen: Die eigene Wirtschaft ist oft noch zu wenig entwickelt oder diversifiziert. Die Abhängigkeit von Erdöl und Erdgas, besonders im Exportsektor, ist sehr bzw. zu groß. Die Länder müssen sich auf die Zeit nach Öl und Gas vorbereiten, da die Ressourcen endlich sind. Für die Bewältigung dieser drei entscheidenden Zukunftsaufgaben gibt es ein zentrales Mittel, nämlich die jetzigen Einnahmen aus den Exporten für Investitionen zu nutzen.

Allerdings gibt es hinsichtlich der regionalen Ausgangspositionen deutliche Unterschiede. Der wirtschaftliche Entwicklungsstand der nordafrikanischen Staaten ist im Durchschnitt geringer als in den Golfstaaten. Gleiches gilt für ihre Bedeutung im Welthandel und ihre Attraktivität für **ausländische Direktinvestitionen (ADI)**. Das liegt zum Teil an der geringeren Ausstattung mit Erdöl- und Erdgasvorkommen (Marokko, Tunesien, Ägypten), zum Teil auch an den instabileren politischen und gesellschaftlichen Verhältnissen (Algerien, Libyen). Die reicheren Golfstaaten sind eher in der Lage, Investitionen aus eigenen Mitteln zu finanzieren, z. B. Saudi-Arabien seine Economic Cities. Nordafrika ist demgegenüber stärker auf das Ausland angewiesen.

Das folgende Kapitel zeigt Investitionsbeispiele in verschiedenen Ländern der Region Nordafrika/Vorderasien, die mit unterschiedlichen Zielsetzungen erfolgen. Am Ende wird aber auch ein Blick darauf geworfen, wie die Golfstaaten als Auslandsinvestoren auftreten und mit welchen Intentionen das geschieht.

1 Der chinesische Produktionsstandort „TEDA Egypt" in der Suezkanal-Wirtschaftszone im Aufbau, Ain Sokhna, Ägypten, 2018

Kompetenzen erwerben	– Die Entwicklung der ADI in den Ländern der Region Nordafrika/Nahost beschreiben, – an unterschiedlichen Sektoren und Fallbeispielen die Zielsetzungen für Investitionen in der Region erläutern, – die Zukunftsfähigkeit von Investitionen in der Region beurteilen,	– die Rolle der Ölstaaten als Investoren im Ausland analysieren.

Nordafrika – Entwicklung der ausländischen Direktinvestitionen nach Zu- und Abfluss

Nordafrika: Inflow (Mrd. US-$, 1995–2020)
Nordafrika: Outflow (Mrd. US-$, 1995–2020)

Legende: Ägypten, Algerien, Libyen, Marokko, Tunesien

Nach World Bank, auf https://data.worldbank.org, Dez. 2021

2

Vorderasien – Entwicklung der ausländischen Direktinvestitionen nach Zu- und Abfluss

Vorderasien: Inflow (Mrd. US-$, 1995–2020)
Vorderasien: Outflow (Mrd. US-$, 1995–2020)

Legende: VAE, Oman, Bahrain, Katar, Saudi-Arabien, Iran, Kuwait

Nach World Bank, auf https://data.worldbank.org, Dez. 2021

3

Für den Grad der ökonomischen Einbindung eines Landes in den Globalisierungsprozess gibt es mehrere Indikatoren. Zu den wichtigsten zählen die Teilhabe am Welthandel sowie die Höhe der **ausländischen Direktinvestitionen**, die dem Land zufließen oder die es selbst tätigt.

Bei den ADI handelt sich um einen Kapitalexport z. B. durch Unternehmen oder Staatsfonds eines Landes in ein anderes Land. Ziel ist es, dort Immobilien zu erwerben, Betriebsstätten oder Tochterunternehmen zu errichten, ausländische Unternehmen zu erwerben oder sich an ihnen mit einem Anteil zu beteiligen, der einen entscheidenden Einfluss auf die Unternehmenspolitik gewährleistet. (Nach Gabler Wirtschaftslexikon, https://wirtschaftslexikon.gabler.de).

Investitionen des Auslands sind für viele Staaten von großer Bedeutung für ihre wirtschaftliche Entwicklung. Damit wird ein eigener Kapitalmangel ausgeglichen, und oft erfolgt darüber hinaus neben dem Kapitalzufluss auch ein Transfer von Know-how und Technologie von den Quell- in die Zielländer der Investitionen. Umgekehrt wird eigenes vorhandenes Kapital für Investitionen in anderen Staaten eingesetzt. Beides ist in der Region Nordafrika/Vorderasien zu beobachten.

> **1** Charakterisieren Sie die Bedeutung von ausländischen Direktinvestitionen (ADI) für die Quell- und die Zielländer.
>
> **2** Beschreiben Sie die Entwicklung der ADI in ausgewählten Staaten Nordafrikas und Vorderasiens.
>
> **3** Vergleichen Sie die beiden Regionen im Hinblick auf die ADI.

4.1 Fallbeispiel Ägypten: Stärkung der Binnenökonomie in Industrie und Gewerbe

Bevölkerungsentwicklung in Ägypten

4

Nach statista.de, Dez. 2021

Ägypten ist das bevölkerungsreichste Land der Region Nordafrika-Vorderasien und rangiert in ganz Afrika an dritter Stelle hinter Nigeria (2020: 206,1 Mio.) und Äthiopien (2020: 115 Mio.). Das **BIP/Kopf** lag 2020 bei 12 261 KKP-$, nahezu genauso hoch wie in Südafrika, dem führenden afrikanischen Schwellenland. Der autokratisch regierende Präsident as-Sisi (2013 Militärputsch, seit Juni 2014 Staatschef) hat ehrgeizige Ziele für sein Land. Unter dem Schlagwort „Vision 2030" will er die ökonomische Entwicklung Ägyptens mithilfe unterschiedlicher Projekte stark beschleunigen. Dazu gehören:

– der Ausbau des Suezkanals,
– die Erweiterung der landwirtschaftlichen Nutzfläche (vgl. Kap. 1, S. 17),
– der Bau einer neuen Hauptstadt, 45 km östlich von Kairo, Baubeginn 2015 (vgl. S. 87),
– die Errichtung von neuen wirtschaftlichen Knotenpunkten, wie beim TEDA Egypt-Project.

Ägypten alleine kann diese Projekte nicht finanzieren. Bei ihnen allen ist China der Hauptinvestor. Es stellt viele Milliarden US-$ bereit und bindet damit Ägypten konsequent in seine **„Neue Seidenstraße"** ein (Karte 6).

Entwicklung des ägyptischen Außenhandels (in Mrd. US-$)

	Importe	Exporte		Importe	Exporte
2014	66,8	26,8	2018	72,0	27,6
2015	63,6	21,3	2019	70,9	29,0
2016	55,8	25,5	2020	60,7	26,1
2017	61,6	25,6			

Nach statista.de, Dez. 2021

5

6 Die Einbindung von Nordafrika und Vorderasien in Chinas Neue Seidenstraße

D 23 Kopiervorlage
Alte (mittelalterliche) Seidenstraße

D 24 Kopiervorlage
Wirtschaftsraum Ägypten

Die erste chinesische Stadt in Ägypten

„Mit Verve und Milliarden treibt China sein Megaprojekt ‚Neue Seidenstraße' voran. Nun hat Peking auf afrikanischem Boden einen ersten wichtigen Pflock eingeschlagen: Am Suezkanal ist der chinesische Produktionsstandort ‚Teda Egypt' entstanden. Sie sind schon von Weitem auszumachen, in der Ebene zwischen Attaka-Gebirge und Rotem Meer: Die großen Schilder an der Schnellstraße mit dem TEDA-Logo. In der Ödnis zeigen sie die grüne Silhouette einer Stadt, mit Riesenrad, Wohn- und Geschäftshäusern, Windrädern, den Schornsteinen einer Fabrik. TEDA Egypt heißt es da, die ‚erste chinesische Stadt in Ägypten'.

TEDA Egypt hat ein Vorbild, und das befindet sich auf der anderen Seite des Globus, im fernen China. TEDA, das Original, 1984 gegründet, ist eine groß angelegte Wirtschaftszone, die ausgestattet wurde mit der Infrastruktur einer modernen Stadt. TEDA Egypt, dem Original nachempfunden, ist ein Pilotprojekt, steht für Chinas Wunsch nach wirtschaftlicher Neuorientierung. Das heißt: sich der Welt zu öffnen und dabei eigene Wege zu gehen, in diesem Fall entlang der neuen, ‚maritimen' Seidenstraße, … [die] über Singapur, Indien, Kenia und Ägypten nach Europa führt. TEDA Egypt, am südlichen Ende des Suezkanals gelegen, ist dabei wichtige Wegmarke – ausgehandelt auf oberster Ebene, zwischen den Regierungen beider Staaten – ein Projekt, das auch deshalb zum Erfolg führen muss …

Für China rechnet sich der Produktionsstandort am fernen Roten Meer: wegen der Freihandelszone, dem kurzen Weg nach Europa, wegen vorteilhafter Handelsabkommen, der Rohstoffe, … Aber auch Ägypten stellt sich gut: wegen der Pachteinnahmen und Gewerbesteuern, wegen der Betriebe, die Glasfaser weiterverarbeiten und dabei sind, sich anzusiedeln. Das aber bedeutet Arbeitsplätze. Nach einer ersten Schulungsphase sind heute die meisten Angestellten … junge, ägyptische Facharbeiter …"

Susanne El Khafif: Industriepark am Roten Meer. Die erste chinesische Stadt in Ägypten. Deutschlandfunk vom 20.05.2017, auf https://www.deutschlandfunk.de, Dez. 2021

7

8 Ägypten: Suezkanalzone mit dem TEDA-Standort

TEDA Egypt – Fakten zum Projekt

Starting Area, 2009–2012

Fläche	1,34 km²
Investitionsvolumen	1 Mrd. US-$
Arbeitsplätze	3000
Schwerpunkte	32 Industrieunternehmen (viele aus China), 33 Dienstleistungsfirmen, Hotel, Mall, Wasserpark, Geschäftsappartements, Wohnungen

Expansion Area, 2016 – Mitte 2020er-Jahre

Fläche	6,00 km²
Investitionsvolumen	mehrere Milliarden US-$
Arbeitsplätze	4000
Schwerpunkt:	Bau einer neuen Stadt mit Wohnungen für zirka 11 000 Familien, ca. 100 Unternehmen des Sekundären und Tertiären Sektors, Einrichtungen für Verwaltung, Einkauf, Bildung und Gesundheit, Erholung und Freizeit

Zusammenstellung Autor nach https://www.setc-zone.com und https://www.sczone.eg, beide Dez. 2021

9

4 Beschreiben Sie die in den Materialien 4 und 5 dargestellten Entwicklungen.

5 Analysieren Sie die Wirtschaftsstruktur in der Suezkanalzone (Karte 8).

6 Erläutern Sie Intentionen und Struktur des Projektes „TEDA Egypt".

7 „Chinesische Investitionen in Ägypten – beide Seiten profitieren!" Nehmen Sie Stellung zu dieser Aussage.

4.2 Fallbeispiele Marokko und Dubai: durch Ausbau der Verkehrsinfrastruktur zur Drehscheibe zwischen den Kontinenten

Tanger Med – Nordafrikas Tor zur Welt

Nach https://www.researchgate.net/figure/The-structure-of-Tangier-Med-port-Furthermore-the-commitment-of-a-large-mass-of-labor_fig1_330983338, Dez. 2021

10

Größte Containerhäfen weltweit 2019
(Containerabfertigung in 1000 TEU = Zwanzig-Fuß-Standardcontainer)

1	Shanghai (CHN)	43 303	11	Dschabal Ali (VAE)	14 111
2	Singapur (SGP)	37 195	12	Port Klang (MYS)	13 580
3	Ningbo (CHN)	27 530	13	Antwerpen (B)	11 860
4	Shenzhen (CHN)	25 770	14	Xiamen (CHN)	11 122
5	Guangzhou (CHN)	22 336	...		
6	Busan (KOR)	21 992	17	Hamburg (D)	9 274
7	Qingdao (CHN)	21 010	...		
8	Hongkong (HKG)	18 361	26	Piräus (GRC)	5 648
9	Tianjin (CHN)	17 264	...		
10	Rotterdam (NL)	14 810	35	Tanger Med (MAR)	4 802

Nach Wikipedia: Liste der größten Häfen nach Containerumschlag, Dez. 2021

11

Marokko: Hafen Tanger Med – Nordafrikas Tor zur Welt

Größtes Logistikzentrum an der Nahtstelle von Mittelmeer und Atlantik

„Das Logistikzentrum Tanger Med liegt strategisch günstig in Marokko an der Straße von Gibraltar ... [Mit] der Eröffnung des Hafenbetriebs von Tanger Med 2 [ist] die nächste Ausbaustufe erreicht worden. Tanger Med 2 stellt neben dem Hafen Tanger Med 1 sowie dem Passagier- und RoRo [Roll on roll off]-Hafen die dritte Entwicklungsphase des Hafenkomplexes ... dar. Dieser entspricht einer öffentlichen Infrastrukturinvestition in Höhe von 1,3 Milliarden Euro ... Tanger Med 2 wird zwei neue Containerterminals mit einer zusätzlichen Kapazität von sechs Millionen Containern umfassen, zusätzlich zu den bereits vorhandenen drei Millionen Containern des Hafens Tanger Med 1 ...

Weltmarktführer MAERSK APM [Dänemark] wird im Hafen Tanger Med 2 im Rahmen eines 30-jährigen Konzessionsvertrags ein [viertes] Containerterminal [TC4] entwickeln. Es wird das zweite Terminal sein, das der Weltmarktführer in dem Hafenkomplex betreibt und das die Position von Tanger Med hinsichtlich globaler Logistikströme und die Position des Hafens als Umschlagsplattform für Warenströme von und nach Afrika festigt ... Das Terminal ist das modernste in Afrika. Die Privatinvestitionen belaufen sich insgesamt auf 1,1 Milliarden Euro.

Tanger Med, ein globales Logistikzentrum an der Straße von Gibraltar ... verfügt über Verarbeitungskapazitäten für neun Millionen Container, den Transit von sieben Millionen Passagieren und 700 000 ... LKW sowie den Export von einer Million Fahrzeugen.

Tanger Med ist Industriestandort für mehr als 900 Unternehmen in verschiedenen Branchen, wie Automobilindustrie, Luftfahrt, Logistik, Textil und Handel. Der Exportumsatz beträgt insgesamt 7,3 Milliarden Euro."

Tanger Med 2: Hafen mit größter Kapazität im Mittelmeerraum in Betrieb. In Internationales Verkehrswesen, vom 27. Juni 2019. Baiersbronn: Trialog Publishers 2019, gekürzt

12

Dubai: DWC/Al Maktoum International – Flughafen für die Zukunft

Entwicklung des Flughafens seit dem ersten kompletten Betriebsjahr

Jahr	Passagiere	Fracht (t)	Flug-bewegungen
2014	845 046	758 371	47 655
2015	463 236	888 714	42 055
2016	850 633	897 998	38 671
2017	904 940	972 295	34 198
2018*	900 202	978 986	29 959
2019**	1 634 058	911 571	36 949

* Passagierkapazität seit 2018: 26 Mio.
** letzte verfügbare Datenstände

Nach DUBAIRPORTS fact file 2021, auf https://media.dubaiairports.ae, Dez. 2021

13

2010/2013 begann südlich der Jebel Ali Freihandelszone (s. Karte 29, S. 49) der Flugbetrieb auf Dubais neuem Flughafen „Dubai World Central (DWC)". Auf rund 140 km² Fläche befinden sich hier Einrichtungen für Logistik, Luftfahrtforschung und -entwicklung, Luftfahrtindustrie, Luftfahrtservice- und Wartungsfirmen sowie mehrere Wohnquartiere und eine „Commercial City". Außerdem liegt in der Nähe ein neues Messegelände, von Oktober 2021 bis Mai 2022 Schauplatz der Weltausstellung „Expo 2021". Das Areal soll Arbeits- und Wohnstätte für rund 800 000 Menschen werden.

Der Flughafen selbst ist im Endausbau auf eine Kapazität von 160 Mio. Passagieren pro Jahr ausgelegt und wäre mit dem neuen Istanbul Airport vergleichbarer Größe einer der beiden größten der Welt. Fertigstellung sollte 2025 sein. Doch hat die Corona-Krise massive Probleme bereitet. Die Touristenzahlen gingen stark zurück, das BIP brach ein. Hinzu kamen weitere wirtschaftliche Schwierigkeiten wie die stark steigende Inflation. Das alles hat die Finanzierung und damit den Bau des Flughafens stark verzögert. Darüber hinaus zweifeln viele Luftfahrtexperten, ob ein Flughafen dieser Kapazität grundsätzlich auch nur annähernd solche Passagierzahlen erreichen wird oder ob er nicht doch nur ein viel zu teures Prestigeprojekt ist.

14 Al Maktoum International Airport (DWC) – Flughafen für die Zukunft?

Drehscheibe DWC/Al Maktoum International

„Auf dem Gelände befinden sich als separate Projekte auch die International Humanitarian City (IHC) und das neue Messegelände von Dubai, die „Dubai Exhibition World". Über den IHC wird die Hälfte aller Hilfsgüter weltweit in die Krisengebiete verschickt. Die meisten Hilfsgüter gehen in den Nahen Osten. Das Lager hat eine Kapazität von über 60 000 Quadratmetern. Dort werden die Rettungskits zusammengestellt und aus Lieferungen vorzüglich chinesischer, indischer und pakistanischer Hersteller kommissioniert und gelagert. Darüber hinaus befindet sich in einer weiteren Halle eine Autowerkstatt, in der Geländewagen der UNO modifiziert und repariert werden ...
Die Dubai Logistics City wirbt mit der Integration von Flughafen, Seehafen und allgemeinen Produktions- und Logistikflächen innerhalb einer Freihandelszone. Der Umschlag von Waren vom etwa 10 km entfernten Hafen Dschabal Ali kommend in den DWC-Luftfrachtbereich soll nur vier Stunden dauern. So können größere Mengen hochwertiger Güter im kombinierten See-Luft-Verkehr beispielsweise von Asien nach Europa/Nordamerika in konkurrenzlos kurzer Zeit zu optimalen Kosten ihr Ziel erreichen."

https://de.wikipedia.org/wiki/Flughafen_Dubai-World_Central_International, Dez. 2021

15

8 Vergleichen Sie die beiden Projekte „Tanger Med" und „Al Maktoum International Airport" im Hinblick auf Zielsetzungen, Strukturen, Raumbeziehungen und Zukunftschancen.

9 Erarbeiten Sie mithilfe des Internets Informationen zu einem dritten Großprojekt der Verkehrsinfrastruktur, dem Ausbau des Suez-Kanals.

4.3 Fallbeispiel Marokko: erneuerbare Energien für Umwelt- und Klimaschutz

Energiewende – bei diesem Begriff denken wir zwar selbstverständlich zuerst an Deutschland, doch strebt eine Reihe von Staaten der Region Nordafrika/Vorderasien aus den gleichen Gründen wie wir eine Wende in der Energiepolitik an. Ein Land, das diese Neuausrichtung konsequent verfolgt und damit in der Region als Pionier im Umwelt- und Klimaschutz gilt, ist Marokko.

10 Beschreiben Sie die Verteilung von Sonneneinstrahlung und Windgeschwindigkeiten in Marokko.

11 Überprüfen Sie anhand von Karte 22 den Zusammenhang zwischen Potenzial (Karten 16 und 18) und Standortverteilung.

12 Erläutern Sie die Entwicklung der Energieproduktion in Marokko (Diagramm 19).

13 Beurteilen Sie auch – unter Einbeziehung des Textes 21 – die Formulierung „Marokko Pionier im Umwelt- und Klimaschutz."

16 Marokko – Sonneneinstrahlung
Deutsche Industrie- und Handelskammer (DIHK) in Marokko: Zielmarktanalyse Marokko mit Profilen der Marktakteure Bioenergie: Biomasse zur Wärme- und Elektrizitätserzeugung, Casablanca 2013, S. 42

18 Marokko – Windgeschwindigkeiten
Nach ebenda, S. 46

20 Solarpark in bei Ouarzazate südöstlich von Marrakech

17 Sonnenstunden im Vergleich (Jahresdurchschnitt)

Deutschland	ca. 900
Spanien	ca. 1800
Griechenland	ca. 2800
Marokko	ca. 3000

19 Veränderung des Anteils der Primärenergieträger an der Energieerzeugung Marokkos

Deutsche Industrie- und Handelskammer (DIHK) in Marokko: Zielmarktanalyse Marokko mit Profilen der Marktakteure Bioenergie: Biomasse zur Wärme- und Elektrizitätserzeugung, Casablanca 2013, S. 42

Im Rahmen der Energiewende in Nordafrika/Vorderasien ging z. B. in Ägypten 2018 der erste Teilabschnitt des Benban-Solarparks ans Netz, übrigens von einem Berliner Unternehmen gebaut. Mit einer Kapazität von 1,65 GW gehört er demnächst zu den größten der Welt. 2020 begann man in Abu Dhabi mit dem Bau des mit 2 GW noch größeren Solarparks Al Dafra, einem Investitionsprojekt Chinas.
Im nordwestafrikanischen Marokko verabschiedete die Regierung schon 2009 den „Plan zur Bekämpfung der globalen Klimaerwärmung". Denn das Königreich mit seinen 37 Mio. Einwohnern leidet unter einer starken Luftverschmutzung besonders in den städtischen Räumen, in denen knapp zwei Drittel der Bevölkerung leben. Im Mittelpunkt des Plans zur Verbesserung dieser Situation steht ein Wandel im Energiemix (Grafik 19).

Größter Windpark Marokkos. Ein wichtiger Baustein für die Energiewende in Marokko stellt der Windpark in Dakhla dar, mit 900 MW Leistung der größte des Landes. Baubeginn war 2021, die Inbetriebnahme ist für 2027 geplant. Investor des Projekts ist das amerikanische Start-up Soluna Technologies, umgesetzt wird es von der Firma AM Wind, einer Tochtergesellschaft des deutschen Unternehmens Altus, einem Spezialisten u. a. für den Bau von Anlagen zur Erzeugung von erneuerbaren Energien. Das Projekt umfasst eine Fläche von rund 10 000 ha und schafft 400 Arbeitsplätze. Darüber hinaus geht jährlich ein Prozent der Einnahmen aus dem Stromverkauf an die Gemeinde Dakhla. Dieses Geld soll in Bildung, Gesundheitsprogramme und Firmengründungen investiert werden.

Es gibt allerdings einen problematischen politischen Aspekt. Der Windpark liegt in [West-]Sahara, das von Marokko als Teil seines Staatsgebiets betrachtet wird. Die Befreiungsbewegung Frente Polisario besteht jedoch auf der Unabhängigkeit der 1976 ausgerufenen „Demokratischen Arabischen Republik Sahara", die auch von etwa 50 Ländern, vor allem in Afrika, anerkannt wird.

22 Marokkanische Windkraftanlagen und Solarparks
Nach Deutsche Industrie- und Handelskammer in Marokko: Marokko: Windenergie – Zulieferindustrie und kleinere Anlagen. Casablanca 2018, S. 44

Planung eines Windprojekts in Marokko (Auswahl)

Technische Aspekte
- Hauptziel des Projekts: zur Umsetzung des marokkanischen Ziels für die Jahre bis 2020 bzw. 2030 beizutragen, 42 bzw. 52 % der installierten Produktionskapazität auf Basis erneuerbarer Energien aufzuweisen;
- Projektdesign: Windturbinen, Balance of Plant (BoP [s. u.]), Umspannwerk für Energieabtransport, Oberleitung, um den Windpark mit dem nationalen Stromnetz des ONEE [staatlicher Energiekonzern] zu verbinden;
- jährliche Produktion: 430 000 MWh/Jahr, installierte Leistung: 150 MW;
- Dauer bis zur Fertigstellung des Projekts: 36 Monate;
- bereits fertiggestellt: Vorstudie zur Standortauswahl (durchschnittliche Windgeschwindigkeit pro Jahr: m/s, Grundstücksfläche: 2 130 ha).

Wirtschaftliche Aspekte
- erwartetes Budget: für die Projektentwicklung 800 000 US-$, gesamte Projektkosten 230 Mio. US-$;
- Infrastrukturkosten für die Energieübertragung (Kabel für das Einspeisen des Stroms in das ONEE-Netzwerk): 26 Mio. US-$;
- andere Kosten 1 Mio. US-$ für CSR-Aktivitäten [„Corporate Social Responsibility" = gesellschaftliche Verantwortung von Unternehmen im Sinne eines nachhaltigen Wirtschaftens];
- geplante Dauer der Laufzeit: 15 bis 20 Jahre;
- Wurde der EPC (Engineering, Procurement, Construction)-Auftragnehmer bereits ausgewählt? Wenn ja, um wen handelt es sich und worüber wurde übereingekommen? Windturbinenausrüster soll einer der bereits in Windprojekte in Marokko involvierten Ausrüster sein, lokale Auftragnehmer für BoP (Balance of Plant = alle Elemente eines Kraftwerks, Turbinen ausgenommen).

Sozioökonomische und Umweltaspekte
- sozialer Nutzen des Projekts: Schaffung von Arbeitsplätzen, CSR-Aktivitäten, Straßensanierung;
- ökonomischer Nutzen des Projekts: Schaffung von Arbeitsplätzen, Beitrag zur Strategie des marokkanischen Energiemix, industrielle Integration, Beitrag zur Unabhängigkeit Marokkos von fossilen Energiequellen;
- Umweltnutzen des Projekts: saubere und erneuerbare Energiequelle, Windenergie trägt nicht zur Luftverschmutzung bei.

Nach Deutsche Industrie- und Handelskammer in Marokko: Marokko: Windenergie – Zulieferindustrie und kleinere Anlagen. Casablanca 2018, S. 43–44

21

4.4 Fallbeispiel Katar: Bildung als Basis für eine gelingende Zukunft

23 Katar – Education City

Schulische und universitäre Bildung betrachtet man heute in Katar als Schlüssel für eine erfolgreiche Zukunft. Im Land besteht für Kinder zwischen 6 und 14 Jahren eine allgemeine Schulpflicht, sodass 98 % aller Kinder die Primarschule besuchen. Auffällig sind die vielen Privatschulen für Kinder ausländischer Beschäftigter (z.B. englische, deutsche, amerikanische Schulen) sowie auch für Kinder wohlhabender Katari. Die auf die Primarschule folgende Sekundarschule besuchen nur noch 65 % der Mädchen, jedoch 96 % der Jungen. Es gibt eine starke Übergangsquote von den Sekundarschulen an höhere Bildungseinrichtungen und Universitäten. Bei Letzteren liegt der Anteil an Studentinnen dann allerdings wieder bei rund 75 %!

Die beiden herausragenden Bildungseinrichtungen sind die Qatar University sowie die seit 1995 errichtete Education City, beide in der Hauptstadt Doha gelegen. Ihre Finanzierung erfolgt über die enormen Einnahmen des Landes aus dem Öl- und Gassektor. Allein die Exporte von Gas machten 2020 60 % aller Ausfuhren aus und trugen 48 % zum **BIP** bei.

Rückblick 2006

„Scheichin Mozah [damalige Patronin der Education City] vertritt provokante Thesen. Die arabische Welt, meint sie, genüge nicht ‚dem internationalen Standard', moderne Technologie sei nutzlos, solange sie nicht in eine Kultur von Forschung, Erneuerung und sozialer Sicherheit eingebettet sei. Die Wirtschaft, das Bildungssystem, das gesamte Denken würden von autoritären Systemen beherrscht, die den Status quo erhalten wollten, so ihr kritisches Fazit. Nicht zuletzt durch die UN-Entwicklungsberichte der vergangenen Jahre seien die Mängel im Bildungsbereich der arabischen Welt ausreichend diagnostiziert worden. Nun müssten realistische Lösungen gefunden werden. Die Lösung sieht Scheichin Mozah in einer konsequenten Förderung von Bildung und Wissenschaft, in einer Renaissance arabischen Denkens ...
Allerdings gibt es ein großes Problem: Es fehlen arabische Akademiker. Die leben und forschen lieber im Ausland, wo sie sich frei und anerkannt fühlen. Um die enormen Bildungsdefizite in der arabischen Welt in Zukunft wieder aus eigener Kraft zu beheben, sucht die Katar-Stiftung eine partnerschaftliche Zusammenarbeit mit den im Ausland lebenden arabischen Wissenschaftlern ..."

Karin Leukefeld: Stadt der Bildung in der Wüste von Katar. In: Neues Deutschland, vom 03.07.2006

24

Education City: heutiger Stand

Die Education City ist ein zentraler Baustein in der Bildungsoffensive Katars. Sie umfasst heute Bildungseinrichtungen von der frühkindlichen Bildung in den Kindergärten und Primarschulen bis hin zu den universitären Abschlüssen in zahlreichen Disziplinen. Die Studierenden kommen aus über 40 Ländern, sowohl aus arabischen Nachbarstaaten als auch z. B. aus den USA, Neuseeland oder Südafrika. Das soll auch dem kulturellen Austausch dienen. Etwa die Hälfte der Absolventen kommt aus Katar selbst.

25

Katars Bildungseinrichtungen in Zahlen	
Qatar University	
Gründung	1973
Institute (Colleges) z. B. Wirtschaft, Kunst, Ingenieurswesen, Jura, Gesundheit, Bildung	11
Forschungszentren	14
Zahl der Studenten/Studentinnen	20 000
Zahl der Studienabschlüsse 2021 davon Frauen	3 648 2 819
Education City	
Aufbauzeitraum	1995–2005
Schulen	11
Universitäten darunter Ableger von 4 US-amerikanischen Eliteuniversitäten; Studiengänge z. B. in Design, Medizin, Elektrotechnik, Chemie, Maschinenbau, Erdöl- und Erdgastechnik, Wirtschaftswissenschaften, Informatik, Politik, Journalismus	8
Zahl der Studenten/Studentinnen	8 000

Zusammenstellung Autor nach www.qu.edu.qa (University of Qatar) und www.qf.org.qa (Qatar Education City), Dez. 2021

26

4.5 Fallbeispiel VAE und Zentralasien: Investitionen in das Ausland zur Stärkung der eigenen globalen Position

Dryport „Khorgos Gateway", Kasachstan

- Teil der Sonderwirtschaftszone (SWZ) Khorgos
- Logistik-Grenzknoten im Rahmen der „Neuen Seidenstraße"

Errichtung	seit 2015
Fläche der SWZ	600 ha
davon Logistikzone	225 ha
Industriezone	225 ha
abgefertigte Züge	
2018	140 Züge
2019	181 Züge
davon nach Duisburg	67 Züge
nach Lodz, Polen	63 Züge
Hauptprodukte	Elektronik, Bekleidung
Fahrtzeit China – Europa	
über Khorgos	9–10 Tage
über den im Vergleich preiswerteren Seeweg	40 Tage

Zusammenstellung Autor nach www.qu.edu.qa (University of Qatar) und www.qf.org.qa (Qatar Education City), Dez. 2021

27

28 Khorgos – ein Knoten für Chinas Bahnverbindungen der „Neuen Seidenstraße"
Nach Christoph Hein: Neue Seidenstraße – Chinas Tor zur Welt steht in Kasachstan. In Frankfurter Allgemeine Zeitung vom 17.10.2018, auf https://www.faz.net, Dez. 2021

Investitionsziel Zentralasien

„Seit einigen Jahren verfestigen die Staaten des Persischen Golfes ihre Präsenz in Zentralasien. Auch wenn wirtschaftliche Interessen hierbei im Vordergrund zu sein scheinen, spielen geopolitische Aspekte keine geringere Rolle.
Lange Zeit waren die arabischen Golfstaaten Objekt der Begierde traditioneller Regionalmächte. Nun mischen sie zunehmend im Ringen um das wirtschaftliche und strategische Potenzial Zentralasiens mit. An vorderster Stelle der Investoren stehen die Vereinigten Arabischen Emirate (VAE). Insbesondere in den Schlüsselsektoren Energie, Infrastruktur, Landwirtschaft, Finanzen und Industrie sind rege Aktivitäten zu beobachten ... Dem Think Tank Middle East Institute zufolge erhält Kasachstan, das zurzeit am meisten prosperierende Land der Region, den größten Anteil arabischer Investitionen. Die emiratische Aktiengesellschaft DP World, drittgrößter Hafenbetreiber der Welt, erwarb erst kürzlich 49 % der Anteile an der Sonderwirtschaftszone des Hafens von Aktau am Kaspischen Meer, sowie 51 % der Anteile an der Sonderwirtschaftszone Khorgos – einem strategisch wichtigen Punkt zwischen China und Kasachstan. Der staatliche Investitionsfond Mubadala plant darüber hinaus, einen auf kaspischem Erdgas aufbauenden Chemiekomplex im Hafen von Atyrau zu errichten und in die Produktion von Polyethylen und Polypropylen zu investieren ..."

Manon Mazuir: Die Golfstaaten investieren in Zentralasien. Novastan vom 28.01.2020, auf https://novastan.org, Dez. 2021 (Übersetzung Robin Shakibaie)

29

14 Bildungsstrategie von Katar: Charakterisieren Sie die Notwendigkeiten und Ziele der Investitionen in den Bildungssektor.

15 Investitionen der Erdölstaaten Vorderasiens in Zentralasien:
a) Fassen Sie die wesentlichen Aussagen von Karte 28 zusammen.
b) Analysieren Sie die Materialien dieser Seite im Hinblick auf die Investitionspolitik der Golfstaaten in Zentralasien.

5 Tourismus als Entwicklungsfaktor

Der **Tourismus** ist seit den 1970er-Jahren ein wesentlicher Faktor des weltweiten Wirtschaftswachstums. Der nordafrikanisch-vorderasiatische Raum trägt zu dieser Entwicklung in einem erheblichen Maße bei. Zwischen 1970 und 2019 ist die Zahl der einreisenden Touristen in diesem Raum auf etwa das Fünfundzwanzigfache gestiegen, auf rund 185 Mio. Dies bescherte den Ländern 2019 Einnahmen von umgerechnet rund 160 Mrd. Euro. Mit Beginn der Corona-Pandemie 2020 sind jedoch Touristenzahlen und Einnahmen dramatisch geschrumpft.

Ein Auf und Ab der touristischen Entwicklung in Nordafrika und Vorderasien und Verschiebungen zwischen den Ländern sind nicht ungewöhnlich. Sie sind häufig eine Folge von Terroranschlägen oder politischen Umwälzungen, wie z. B. dem sog. **„Arabischen Frühling"** (vgl. das Einführungskapitel zu diesem Buch).

In manchen Erdölstaaten wird der Tourismus zudem stark gefördert, da die Ölreserven zur Neige gehen und alternative Wirtschaftszweige entwickelt werden müssen.

Neben dem traditionellen Fremdenverkehr mit Besuchern aus den westlichen Industriestaaten steigt auch die Bedeutung des Tourismus innerhalb der Region. Dort hat der Wohlstand zugenommen und die gleiche Religion, Kultur und Sprache bieten einen vertrauten Rahmen für die steigende Mobilität über die Ländergrenzen hinweg. Zu einem immer wichtigeren Faktor entwickelt sich deshalb auch der so genannte **islamische Tourismus**.

Dieses Kapitel geht zwei zentralen Fragen nach: Wird der Tourismus zum bestimmenden wirtschaftlichen und sozialen Entwicklungsfaktor in der Region? Welche günstigen und welche problematischen Folgen ergeben sich daraus?

1 Voller Touristenandrang in Ägypten – hier an den Pyramiden von Gizeh

Kompetenzen erwerben

- Das touristische Potenzial von Nordafrika und Vorderasien herausarbeiten,
- typische Formen des Tourismus im Orient erklären,
- Strategien der Entwicklung durch den Tourismus darstellen,
- den „islamischen Tourismus" in die Tourismusformen einordnen können,
- das Potenzial des Tourismus als Alternative zur Erdölwirtschaft analysieren,
- positive und negative Folgen des Tourismus diskutieren.

D 25
Kopiervorlage
Bedeutung Welttourismus

2 Bedeutung des Tourismus in der Region Nordafrika/Vorderasien 2019
Datenzusammenstellung Autor nach https://www.laenderdaten.info, Dez. 2021

Legende:
- Anteil des Tourismus am Bruttonationaleinkommen (in %, 2019): über 15, 10–15, 7,5–10, 5–7,5, 2,5–5, unter 2,5, keine Daten
- 13,11 Anzahl der Touristen (in Mio., 2019)
- 8,94 Tourismuseinnahmen (in Mrd. €, 2019)
- Staatsgrenze
- umstrittene Grenze, Waffenstillstandslinie

Ziele der Tourismusförderung. In fast allen Ländern Nordafrikas bzw. Vorderasiens wird mithilfe des **Tourismus** versucht, das Bruttonationalprodukt (BNP) zu steigern. Gleichzeitig sollen Arbeitsplätze geschaffen und die Einkommen der Arbeitnehmer erhöht werden.

Die Fördermaßnahmen führen dazu, dass in den mit dem Tourismus direkt verbundenen Branchen die Entwicklung vorangetrieben wird, etwa in der Luftfahrt. Aber auch andere Wirtschaftszweige profitieren, z. B. die Bauwirtschaft. Werden Hotels und touristische Infrastrukturen in bisher wenig besiedelten Räumen errichtet, führt dies auch im Umkreis dieser Anlagen zur Ansiedlung von anderen Gewerbebetrieben und auch zur Errichtung von Wohnraum für die im Tourismus Beschäftigten. Das kann zum Abbau **regionaler Disparitäten** beitragen. Werden touristische Leistungen für Ausländer erbracht, liegt volkswirtschaftlich gesehen ein Export von Dienstleistungen vor. Die so eingenommenen Devisen verbessern die **Zahlungsbilanz** und stützen den Wechselkurs der heimischen Währung.

Formen des Tourismus.
- Erholungstourismus
- Badetourismus
- Geschäfts- und Kongresstourismus
- Kunst- bzw. Kulturtourismus
- Sport- und Abenteuertourismus
- Ökotourismus
- Eventtourismus

Islamischer Tourismus. Der Begriff bezieht sich auf den Tourismus von Muslimen innerhalb der islamischen Welt, wobei die Reiseaktivitäten insbesondere im Zusammenhang mit dem Besuch von religiösen Stätten und Heiligtümern stehen. Der besondere Charakter solcher Reisen beinhaltet auch, dass auf den Touren zu den Bauten der islamischen Geschichte z. B. die Menschen streng die muslimische Kleiderordnung beachten und in alkoholfreien Hotels übernachten, mit dem Koran auf dem Nachtkästchen. Als Musterbeispiel für den **islamischen Tourismus** gilt der Besuch der heiligen Stätten in Saudi-Arabien als Lebensziel von Muslimen aus aller Welt.

1 Arbeiten Sie die Ziele der Tourismusförderung heraus.

2 Ordnen Sie Ihnen bekannte Tourismusangebote/-destinationen in Nordafrika/Vorderasien den einzelnen Tourismusformen zu.

3 Prüfen Sie, ob Pilgerfahrten nach Mekka überhaupt dem Tourismus zuzurechnen sind.

5.1 Ägypten – der Klassiker

3 Tourismusziele in Ägypten

Die Entwicklung Ägyptens zu einer der beliebtesten Zielregionen des internationalen **Tourismus** setzte bereits zu Beginn des 19. Jh. ein. Für Europäer war Ägypten das erste Ziel außerhalb des eigenen Kontinents. Es handelte sich um wohlhabende Individualtouristen, die antiken Stätten wie den Pyramiden einen Besuch abstatteten.

Erst die staatliche Förderung des Fremdenverkehrs ab den 1980er-Jahren führte zu einem bedeutenden Anstieg der Touristenzahlen. Es kam zu einer Differenzierung des touristischen Angebots in den Kulturtourismus einerseits mit den Schwerpunkten an den antiken Stätten und dem Badetourismus andererseits an den Stränden des Roten Meeres. 2010 lagen die Gästezahlen bereits bei 14,7 Mio. und die Einnahmen aus dem Fremdenverkehr bei 12,7 Mrd. Euro.

Aufgrund der vom sog. **„Arabischen Frühling"** (vgl. Einführungskapitel) inspirierten Revolution 2011 sowie infolge der Terroranschläge in den nachfolgenden Jahren erlitt einer der wichtigsten Wirtschaftszweige des Landes immer wieder herbe Rückschläge. 2019 erreichte die Tourismusbranche wieder die Werte von 2011, bevor 2020 die Corona-Pandemie den Aufschwung brutal unterbrach.

Tourismus als Wachstumsfaktor

Was bringt der Tourismus dem Land Ägypten? – Die Sicht des ägyptischen Botschafters in Berlin

„Die Reisewirtschaft sorgt für Wachstum, Deviseneinnahmen und angemessene Arbeitsplätze. Der Tourismus schafft fünf Millionen Jobs und sichert damit zugleich das Einkommen von zehn bis fünfzehn Millionen Familienmitgliedern! Das geht einher mit der Perspektive auf ein gutes Leben in relativem Wohlstand – für junge Menschen das beste Argument, eine Zukunft in ihrer Heimat aufzubauen und sich nicht zu radikalisieren.

Von den positiven Effekten des Tourismus konnte ich mich in Oberägypten überzeugen. Seitdem Nilkreuzfahrten hier zwischen Kairo und Luxor einen Stopp machen, boomt die lokale Wirtschaft: Kunsthandwerk, Gastronomie und letztlich der Lebensstandard der Menschen sind im Aufschwung.

Ich freue mich sehr, dass jedes Jahr viele Tausende Gläubige aller großen Glaubensrichtungen mein Land besuchen. Noch heute sichtbare Spuren hat beispielsweise die Reise der christlichen Heiligen Familie nach Ägypten hinterlassen. Den kulturellen Austausch wollen wir noch stärker fördern."

Badr Abdelatty, ägyptischer Botschafter in Deutschland. In: Ägypten – Wachstum und Wandel durch Tourismus. politikAgenda, Juli 2018, auf https://www.politik-lounge.com/, Dez. 2021

4

Tourismus – der Fortschrittsbringer für Ägypten?

„Die soziale Lage hat sich [seit Ausbruch der Covid-19-Pandemie] für zigmillionen Menschen weiter verschlechtert. Die offizielle Armutsquote liegt bei über 30 Prozent. Die Weltbank geht von wesentlich höheren Zahlen aus. Neben Armut und Arbeitslosigkeit belasten weitere gravierende Probleme das Land. Dazu gehört das enorme und ungebremste Bevölkerungswachstum, mittlerweile die Knappheit an Nahrungsmitteln, verheerende Umweltschäden, Wasserverschmutzung und -knappheit. Dazu kommt ein desolates Bildungs- und Gesundheitssystem. Anstatt hier zu investieren beschafft sich das Militär modernste Waffentechnik, auch aus Deutschland, und vergeudet weitere Ressourcen in zweifelhaften Prestigeobjekten, wie einer im Bau befindlichen neuen Hauptstadt [vgl. S. 87].

Ägypten ist aufgrund seiner Größe, seiner Bevölkerungszahl, seiner geographischen Lage, seiner historischen Bedeutung und seines kulturellen Einflusses nach wie vor das Schlüsselland der arabischen Welt. Die Zukunft der gesamten Region hängt entscheidend von seiner weiteren Entwicklung ab und davon, ob das Land seine vielfältigen und gewaltigen Probleme lösen kann."

Franz Maget: Arabischer Frühling in Ägypten: Eine gescheiterte Revolution. In: Vorwärts vom 25.01.2021, auf https://www.vorwaerts.de, Dez. 2021

5

D 26
Kopiervorlage
Mittelmeertourismus

Entwicklung von Touristenzahl und Tourismuseinnahmen in Ägypten

Touristen in Mio. / Einnahmen in Mrd. €

— Touristen   ■ Einnahmen

Daten nach https://www.laenderdaten.info/Afrika/Aegypten/tourismus.php, Dez. 2021

6

Probleme im Urlauberparadies

Kampf gegen den Plastikmüll

„Im ägyptischen Badeort Hurghada machen sich die Angestellten einer Hotelanlage im Morgengrauen daran, den Plastikmüll von den Sandstränden am Roten Meer zusammenzutragen. ‚Das ist nicht viel', sagt der 20-jährige Wael, als er nach wenigen Stunden fünf Säcke vollgestopft hat. ‚Vor sechs Monaten haben wir ganze Lastwagen gefüllt'.

In Hurghada und der umliegenden Provinz ist der Gebrauch von Wegwerfplastik seit Juni verboten. Die Tourismusbranche ... ist sehr daran interessiert, dem Badeort ein sauberes Image zu verleihen und die Unterwasserattraktionen zu schützen.

Der Tourismus ist für ganz Ägypten eine wichtige Einnahmequelle. Seit 2017 geht es der Branche wieder besser – sie hat das Niveau von 2010 zurückerlangt ...

Die Rückkehr der Touristen brachte aber auch eine Zunahme der Abfälle mit sich. 2018 sammelten die Müllbetriebe von Hurghada 230 Tonnen Plastikmüll ein ... Der Kampf gegen den Plastikmüll zeigt nun erste Erfolge: 2019 lag die Menge nur bei gut 140 Tonnen."

Bassem Aboualabass (AFP) vom 18.01.2020: Erfolgreicher Kampf gegen Plastikmüll im Urlauberparadies Hurghada

7

Räumliche Verteilung der Touristenströme

Der Kulturtourismus entlang des Nil von Kairo bis Abu Simbel hat relativ an Bedeutung verloren, da die Masse der Besucher ans Rote Meer zum Baden fliegt. Die Badeorte Sharm el-Sheikh und Hurghada sind kostengünstige Ziele von Besuchern, insbesondere auch aus Deutschland. Allerdings verbinden viele Urlauber den Aufenthalt am Meer mit einer Nilkreuzfahrt oder einem Ausflug nach Kairo, um die antiken Sehenswürdigkeiten besichtigen. Ziele auf dem Sinai, wie das Katharinenkloster, werden von deutlich weniger Reisenden besucht, ebenso wie die Mittelmeerküste. Die **Oasen**, wie z. B. Siwa, waren früher eher Ziele für Abenteurer, werden heute aber auch immer mehr von größeren Gruppen besichtigt.

Gefährdung von Touristen

„Vor Reisen in den Norden der Sinai-Halbinsel, das ägyptisch-israelische Grenzgebiet (mit Ausnahme von Taba) und entlegene Gebiete der Sahara wird gewarnt.

Von unbegleiteten, individuellen Ausflügen und Überlandfahrten im Süden der Sinai-Halbinsel wird abgeraten.

Terrorismus

Es besteht landesweit weiterhin ein erhöhtes Risiko terroristischer Anschläge. Diese richten sich meist gegen ägyptische Sicherheitsbehörden, vereinzelt aber auch gegen ausländische Ziele und Staatsbürger. Zuletzt forderte am 4. August 2019 ein Autobombenanschlag im Zentrum von Kairo mindestens 20 Todesopfer und zahlreiche Verletzte."

Auswärtiges Amt [Deutschland]: Ägypten: Reise- und Sicherheitshinweise (Sicherheit – Teilreisewarnung), Stand vom Dez. 2021, auf https://www.auswaertiges-amt.de, Dez. 2021

8

---

4 Auswertung von Karte 3
a) Arbeiten Sie das touristische Potenzial Ägyptens heraus.
b) Ordnen Sie die Destinationen den verschiedenen Formen des Tourismus (vgl. S. 67) zu.

5 Beurteilen Sie die wirtschaftliche Bedeutung des Tourismus für Ägypten.

6 Fassen Sie auf der Grundlage einer Internetrecherche Gründe dafür zusammen, dass die Entwicklung des Tourismus in Ägypten und den anderen Staaten Nordafrikas und Vorderasiens erheblichen Wachstumsschwanken unterworfen ist.

7 Nennen Sie mögliche Gründe, warum trotz Warnungen des Auswärtigen Amtes z.T. bis zu 2 Mio. Deutsche jährlich nach Ägypten reisen.

8 Überprüfen Sie die Bedeutung des Staudammbaus am Blauen Nil in Äthiopien (vgl. Kap. 1, S. 16–19) für den Tourismus in Ägypten.

5.2 Türkei – Spätzünder im Mittelmeerraum

9 Tourismuspotenzial in den Regionen der Türkei
Nach https://de.wikivoyage.org/wiki/Türkei, Dez. 2021

Ägäische Region
Küsten- und Inselwelt mit Badetourismus und bedeutenden Resten griechisch-römischen Kulturgutes

Marmara-Region
reichhaltige kulturelle Zeugnisse byzantinischer und osmanischer Geschichte, Weltstadt Istanbul

Mittelmeerregion
Küste mit Badetourismus, landschaftlich reizvolles bergiges Küstenrückland, Antalya

Türkische Schwarzmeerregion
Gebirgsregion mit Küstenbadeorten, Wandern und Wintersport, Haselnuss- und Teeanbau

Zentralanatolien
Wanderparadies Kappadokien, anatolische Steppe, Hauptstadt Ankara

Ostanatolien
Gebirgslandschaft, teilweise Hochgebirge, Van-See und Berg Ararat

Südostanatolien
Steppenlandschaft mit Oberlauf von Euphrat und Tigris, türkisch-syrische Grenzregion

Tourismus – ein Beitrag zur Entwicklung des Landes

Im Gegensatz zu anderen touristischen Destinationen im Mittelmeerraum spielte der Fremdenverkehr in der Türkei bis Anfang der 1980er-Jahre keine nennenswerte Rolle. Gründe waren die instabilen politischen Verhältnisse und die fehlende Infrastruktur.

Die Grundlage für die rasante Entwicklung der Branche wurden dann Infrastrukturmaßnahmen wie der Straßen- und Flughafenbau und die Errichtung riesiger Hotelanlagen. Dadurch erhöhte sich nicht nur die Zahl der Arbeitsplätze im Fremdenverkehrsgewerbe, es ergaben sich auch Beschäftigungsimpulse weit darüber hinaus. 2018 betrug die Zahl der direkt in der Branche Beschäftigten knapp 480 000, rechnet man die induzierte Beschäftigung mit ein, so lag diese Zahl bei mehr als 2,1 Mio. Die Arbeitslosigkeit in der Türkei war 2020 mit gut 13 % allerdings trotzdem immer noch sehr hoch. Weitere positive volkswirtschaftliche Effekte rufen die Währungszuflüsse auf die **Zahlungsbilanz** und auf den Kurs der türkischen Lira aus, die mit Defiziten bzw. Kursrückgängen zu kämpfen haben, die der **Tourismus** derzeit (2022) allerdings nicht mehr ausgleichen kann.

10 Entwicklung von Touristenzahl und Tourismuseinnahmen in der Türkei
Daten nach https://www.laenderdaten.info/Asien/Tuerkei/tourismus.php, Dez. 2021

11 Entwicklung des direkten und gesamten Beitrags der Tourismusbranche zum Bruttoinlandsprodukt der Türkei
(2028 Prognose ohne Berücksichtigung von Corona)
Nach Lena Graefe: Beitrag der türkischen Tourismusbranche zum Bruttoinlandsprodukt bis 2028. Statista vom 16.10.2019, auf https://de.statista.com, Dez. 2021

D 27 Infoblatt Sanfter Tourismus

D 28 Infoblatt Massentourismus

Entwicklungsetappen des Türkei-Tourismus

- Bis 1981 ist das Land Ziel von Kultur- und Studienreisenden.
- Mit dem Erlass des Tourismusförderungsgesetzes 1982 schlägt die Geburtsstunde des Massentourismus. Staatliche Unterstützung von Hotelbauten und anderer Tourismusinfrastruktur lässt den „See-Sand-Sonne-Tourismus" in die Höhe schnellen.
- 1999 führt ein Erdbeben zu einem starken Rückgang der Tourismuswirtschaft.
- Ab 2000 steigen die Touristenzahlen – von kleineren Rückschlägen wie bei der Weltfinanzkrise abgesehen – bis 2015 stark an.
- 2016 erfolgt ein Putschversuch, die politische Lage ist angespannt. Die Besucherzahlen sinken um gut ein Viertel.
- Eine rasche, rasante Erholung bis 2019 lässt die Türkei zu einer führenden Tourismusnation werden.
- Nach Ausbruch der Covid-19-Pandemie brechen 2020 die Touristenzahlen um 72 % ein.
- Ab 2021 steigen die Gästeankünfte nur langsam wieder an.

12

Probleme

„Sonne, Strand – wo bleibt die Moral?"
... Die Türkei ist ein Land, in dem Menschen, die sich kritisch über die Politik des amtierenden Präsidenten Erdoğan äußern, um ihre Sicherheit fürchten müssen. In dem Journalisten nicht frei arbeiten können. Ist das der richtige Ort, um am Strand zu liegen und dem Laissez-faire zu frönen? Sollten Urlauber, die an demokratische Werte glauben, wirklich dort ihr Geld hintragen?"

Angelika Slavik in Süddeutsche Zeitung vom 16.05.2019, auf https://www.sueddeutsche.de, Dez. 2021

13

Traumhafte Bucht?
„Von Deck aus sieht die Bucht traumhaft schön aus. Das Wasser ist sauber, die Pinien leuchten sattgrün vom Ufer herüber, Zikaden zirpen in den Zweigen, über allem spannt sich ein sanftblauer Himmel. Setzt man jedoch mit dem Dingi zum Ufer über und macht drei Schritte in das Dickicht des Waldes, landet man oft in einer Müllhalde."

Nach uns die Sintflut... Der Türkei INSIDER vom 10.10.2021, auf: http://www.insidersegeln.de, Dez. 2021

14

Empfindliche Naturlandschaften – Waldbrände
„Brennende Wälder und Dörfer, evakuierte Hotels und anhaltende Hitzewarnungen – die Nachrichten von den Bränden in bei Urlaubern beliebten Ländern und Regionen haben etwa in der Türkei dramatische Auswirkungen auf den ohnehin durch die Pandemie gebeutelten Tourismus."

RND/dpa vom 10.08.2021, Dez. 2021

15

Lösungen

Schutz der Meere
„Was gibt es Besseres [als] auf den beschaulichen Hafen zu blicken und den Sonnenuntergang zu genießen? Vor allem der Meeresschutz ist ein wichtiges Thema geworden. Yachten, die sich für längere Zeit an der Küste aufhalten, müssen ihre Tanks von mobilen Absaug-Serviceschiffen leeren lassen. Die Wasserqualität wird regelmäßig überprüft, auch, um den Artenschutz im Meer zu garantieren. Immer mehr Gebiete werden unter Naturschutz gestellt."

Sanfter Tourismus in der Türkei, auf https://www.easyvoyage.de, Dez. 2021

16

Ziele der Nachhaltigkeitsstrategie von 2007 für 2023
„With the adoption of sustainable tourism approach tourism and travel industry will be brought to a leading position for leveraging rates of employment and regional development and it will be ensured that Turkey becomes a world brand in tourism and a major destination in the list of top five countries receiving the highest number of tourist and tourism revenues by 2023."

Insgesamt werden in dieser Strategie 21 verschiedene Instrumente aufgeführt wie „... support tourism development with sustainable environmental policies ... create tourism products based on tourist profile ..."

Nach Republic of Türkiye, Ministry of Culture and Tourism: Tourism Strategy of Turkey – 2023. Ankara, 2007, S. 4

17

9 Erarbeiten Sie das naturräumliche und kulturräumliche Potenzial für verschiedene Formen des Tourismus in der Türkei.

10 Analysieren Sie den Zusammenhang zwischen Entwicklung der Touristenzahlen und BIP in der Türkei.

11 Nehmen Sie Stellung zur Frage am Ende von Quellentext 13.

12 Erörtern Sie die Erfolgschancen von Nachhaltigkeitsmaßnahmen und Nachhaltigkeitsstrategien in der Türkei.

5.3 Die Newcomer

Bis in die 1970er-Jahre waren nur die Strände Tunesiens bevorzugte Ziele im nordafrikanisch-vorderasiatischen Raum. Erst mit sinkenden Flugkosten bei steigendem Wohlstand rückte der Nahe Osten in den Fokus des europäischen Massentourismus. Die Maschinen der neu gegründeten Fluggesellschaften aus den Golfstaaten und die neu ausgebauten Hotelkapazitäten am Roten Meer sowie am Persisch-Arabischen Golf passten gut zu einem veränderten Nachfrageverhalten der Europäer. In kurzer Zeit entwickelten sich hier bedeutende Tourismusdestinationen. Der Fremdenverkehr ist auch in dieser Region zu einem wichtigen Devisenbringer und Entwicklungsfaktor geworden. Welche Ziele und Strategien verfolgen die Newcomer?

13 Tourismusentwicklung bei den „Newcomern" im Nahen Osten
a) Arbeiten Sie aus den Materialien dieses Teilkapitels das touristische Potenzial der dargestellten Sultanate/Emirate heraus.
b) Beschreiben Sie die von den „Newcomern" ergriffenen touristischen Entwicklungsmaßnahmen.
c) Charakterisieren Sie die in diesen Ländern praktizierten Formen des Tourismus (siehe S. 67).
d) Beurteilen Sie die Wirkung von Events auf die Entwicklung des Fremdenverkehrs in den Golfstaaten.
e) Erörtern Sie die Nachhaltigkeit der vorgestellten Tourismusentwicklungen.

Dubai – Top destination des Welttourismus?

Vom kleinen Fischerdorf zur Global City

„Once a small fishing village in the Arabian Gulf, Dubai is today one of the most cosmopolitan cities in the world. One of the seven emirates that make up the United Arab Emirates, Dubai is home to nearly 200 nationalities and offers a truly memorable experience to all visitors. Whether it is by the banks of the Creek, or at the top of the Burj Khalifa, the world's tallest building, Dubai lives and breathes a sense of possibility and innovation. And with an unparalleled coastline, beautiful desert and magnificent cityscapes, memories are just waiting to be made here."

Department of Economy and Tourism [of Dubai]: About Dubai, auf https://www.visitdubai.com, Dez. 2021

Burj Kalifa – derzeit höchstes Gebäude der Welt

Internationale Weltausstellung Expo 2020, wegen Corona verschoben auf Herbst 2021 bis Frühjahr 2022, geplant, ca. 25 Mio. Besucher, realisiert gut 24 Mio. Besucher

18

Entwicklung der Zimmerkapazitäten in Dubai (in Klammern: Zimmer in Fünf-Sterne-Hotels)

2011	53828 (20734)
2015	72473 (31551)
2019	93734 (40115)

Nach Dubai Department for Marketing & Commerce; Dubai Statistics Center, Juli 2019

19

2030 ist in Dubai das Ende des Erdölzeitalters erreicht. Schon heute trägt das Erdöl nur noch ca. 1% zum **Bruttoinlandsprodukt** bei. Deshalb lautet die Devise des Emirats: „Building a world-leading destination in tourism."
3,5 Mio. Einwohner und die Fläche des Saarlandes hat das Emirat. Von 700 000 (1990) über 8 Mio. (2010) bis 16 Mio. (2019) entwickelte sich die Zahl der ausländischen Touristen. Platz 4 der beliebtesten Städtereisen weltweit ist der Lohn. Für die Zukunft formuliert Dubai Tourism: „All of our departments work in unison to achieve the goal of welcoming 23–25 million visitors by 2025." Für dieses Ziel waren 2019 Investitionen in Luxushotels für rund 2,8 Mrd. Euro geplant, obwohl bereits 526 Hotels im Emirat ihren Sitz hatten. Nachdem die Zahl der Touristen 2020 um zwei Drittel zurückging, sind die Ausbaupläne fraglich.

Tourismuseinnahmen – Impulsgeber für die gesamte Wirtschaft

Das Geschäft mit den Touristen hat Dubai 2019 rund 35 Mrd. Euro Einnahmen gebracht, und Impulse für alle anderen Wirtschaftszweige. So sind z. B. über 3 000 Einzelhandelsbetriebe in mehr als 1 000 Shoppingfestivals/-events pro Jahr engagiert, um Urlauber zu amüsieren und Umsätze zu generieren. Dubai-Touristen können in der „Mall of the Emirates" auf einer Piste Ski fahren, bei 40 Grad Außentemperatur. Für Frauen gibt es eine „Ladies Night" am Rande der Wüste. Dort, wo früher die Zelte der Nomaden aufgestellt waren, gilt nun „Do-buy" bzw. „Shop till you drop".
Dubai ist zudem auch ein wichtiger Messestandort, der viele Besucher anzieht. Das ist auch dringend notwendig, da sich nicht alle Visionen erfüllen.

Abu Dhabi – Kunst am Golf

Abu Dhabi besitzt noch immer sehr ergiebige Erdölvorräte. Trotzdem versucht es sich für die Zeit nach dem Erdöl aufzustellen. Das Emirat ist bereits jetzt ein wichtiges Zentrum für den Messe- und Kongresstourismus. 2019 besuchten bereits 11,5 Mio. Menschen das Emirat. Dazu passt, dass 2017 die Vereinigten Arabischen Emirate beschlossen, eine „Soft-Power-Strategie", also eine Förderung weicher Standortfaktoren, für die Weiterentwicklung der Wirtschaftszentren auf ihrem Territorium zu verfolgen. Abu Dhabi setzt dabei insbesondere auf den Kulturtourismus, um sich von den anderen Emiraten abzuheben. Ein erster Meilenstein dazu ist die Errichtung des „Louvre Abu Dhabi".

22 Louvre Abu Dhabi – erst der Anfang der Umsetzung einer Kulturtourismusstrategie

Louvre Abu Dhabi

„Deshalb wird geklotzt: In Abu Dhabi eröffnete eine Filiale des Louvre, die inklusive der Architektur von Jean Nouvel, der in Frankreich erworbenen Namensrechte und Leihgaben mehr als eine Milliarde Euro kostete. Dort auf der Saadiyat-Insel – dem Eiland des Glücks – soll neben Golfplätzen und Luxushotels auch ein Guggenheim-Museum entstehen, dazu eine Oper."

Moritz Baumstieger: Kultur fürs Image. In: Süddeutsche Zeitung vom 28.03.2021, auf https://www.sueddeutsche.de, Dez. 2021

20

Seelenverkauf für Touristendestination?

„Das war es von Anfang an, als 2006 Abu Dhabi die Welt mit der Absicht überraschte, es wolle auf der künstlichen Insel Saadiyat ein gigantisches Kulturareal errichten. Der Louvre ‚verkauft seine Seele', hieß es, als Frankreich dem Emirat für eine Milliarde Euro gestattete, den Namen Louvre 30 Jahre lang zu führen. Und: Dies sei ein ‚Todesurteil für das öffentliche Museum' ….
Die nationale Ölfirma pumpt das Geld in diesen märchenhaft reichen Zwergstaat, der vor allem ein Ziel propagiert: sich langfristig vom Öl zu befreien. Deswegen die Museen und die Hoffnung, sich als Touristendestination nach ganz oben zu spielen."

Laura Weißmüller: Der Louvre Abu Dhabi wäscht die Kunst rein. In: Süddeutsche Zeitung vom 11.11.2017, auf https://www.sueddeutsche.de, Dez. 2021

23

Louvre Abu Dhabi – ein Rendite Objekt

„Seit seiner Eröffnung im Jahr 2017 hat der Louvre Abu Dhabi bereits über 2 Millionen Besucher begrüßt. Auf der Insel Saadiyat gelegen, ist es zu einer der Top-Touristenattraktionen geworden … [Aber das] Louvre-Abu-Dhabi-Projekt, ein monumentales Werk an sich, ist nur der erste Schritt in einem größeren Projekt, das darauf abzielt, eine neue Identität für die Stadt aufzubauen und Abu Dhabi als kulturelles Ziel auf Augenhöhe mit anderen berühmteren zu etablieren. Die wirtschaftliche Investition zur Fertigstellung des Projekts ist beträchtlich, aber die Rendite wird sicherlich angemessen sein … oder wahrscheinlich viel größer."

Dubai Prestige: Der Louvre Abu Dhabi, auf: https://www.dubai-prestige.com, Dez. 2021

21

24 Touristischer Einzugsbereich von Abu Dhabi
Nach Department of Culture and Tourism Abu Dhabi: Annual Report 2019, Bd. 2, S. 26 ff.

5.3 Tourismus als Entwicklungsfaktor

Katar – Eventtourismus

2020 hatte das Öl-Emirat Katar mit ca. 93 500 KKP-$ (gerechnet in Kauf-Kraft-Paritäten) eines der höchsten **Bruttoinlandsprodukte** pro Kopf weltweit. Dieser hohe Wert ist vorwiegend der Ölförderung zu verdanken. Immerhin ein Zehntel aber stammt aus dem **Tourismus**.

Ein Tourist gab 2020 durchschnittlich ca. 21 500 Euro bei seinem Besuch in Katar aus. Große Sportereignisse nutzt das Emirat als ein Mittel, Entwicklungsschübe zu initiieren. So wurden dort in den letzten 15 Jahren mehr als 500 internationale Sportveranstaltungen für Fans aus allen Ecken der Welt durchgeführt. Dabei wurden viele Milliarden in den Bau von Stadien, Trainingszentren und notwendige Infrastruktureinrichtungen investiert. Das scheint sich zu lohnen, was die Entwicklung der Besucherzahlen und Tourismuseinnahmen zeigt.

Die Ausrichtung der Fußballweltmeisterschaft 2022 soll Katar über 200 Mrd. US-$ kosten. Dafür wurde allerdings nicht nur in Sportstätten investiert, sondern auch in das U-Bahnnetz, in Straßen und in die Trabantenstadt Lusail City mit Platz für 370 000 Einwohner und 80 000 Touristen. Die Wirkungen der WM gehen also weit über die Tourismusbranche hinaus. Sie sind ein weiterer Entwicklungsimpuls für das ganze Emirat.

Diese Erfolge haben allerdings eine dunkle Kehrseite. Sie werden getragen von rund 2,8 Mio. **Gastarbeitern**, meist aus Indien, Pakistan und anderen Ländern Südostasiens. Deren Mindestverdienst liegt bei ca. 250 Euro pro Monat, bei miserablen Lebensbedingungen, erpresserischen Einstellungsgebühren, illegalen Lohnabzügen, Diskriminierung und Angst vor Repressalien – insgesamt also menschenunwürdigen Zuständen.

25 Al-Janoub Stadium in der katarischen Hafenstadt al-Wakra, einer der Austragungsorte der Fußball-WM 2022

Fußball-WM 2022 – ein geostrategischer Lottogewinn

„Der Wüstenstaat Katar am Persischen Golf ist winzig, dafür sagenhaft reich und trägt 2022 die Fußball-WM ... aus. [Das Land hofft, mit dem Prestige bringenden Events nicht nur Fußballfans, sondern auch ‚normale' Touristen anzulocken.] ... Das Emirat ist dank seiner Top-Fluggesellschaft Qatar Airways schon länger ein Stopover-Ziel auf dem Weg nach Asien. Kreuzfahrtschiffe bringen regelmäßig deutsche Urlauber nach Doha. Doch erst durch die WM steht Katar als eigenständiges Reiseziel im Fokus. Urlauber sollen allein für einen Besuch des Landes an den Golf fliegen."

Phillip Lage: Katar abseits der Fußball-Stadien. In: manager magazin vom 20.12.2019, auf https://www.manager-magazin.de, Dez. 2021

26

Fan-Protest

„Beim Spiel zwischen dem FC Bayern und dem SC Freiburg haben Münchner Fans mit einem Plakat gegen die Geschäftsbeziehungen des Rekordmeisters mit Katar protestiert. ‚Für Geld waschen wir alles rein', stand auf einem großen Transparent, das in der zweiten Halbzeit in der Südkurve gezeigt wurde. Unter dem Schriftzug waren der Vorstandsvorsitzende Oliver Kahn und der Vereinspräsident Herbert Hainer beim Waschen blutverschmierter Kleidung zu sehen. Die Fans protestieren seit Längerem dagegen, dass die Bayern in Katar Winter-Trainingslager veranstalten und die Fluggesellschaft Qatar Airways ein großer Sponsor des Klubs ist."

Philipp Laage, dpa: Katar vor der Fußball-WM: Urlaub im reichsten Land der Welt, dpa-Meldung vom 18.12.2019

27

Entwicklung von Touristenzahl und Tourismuseinnahmen* in Katar

28

* vor 1999 und 2007–2010 keine Angaben; Daten nach https://www.laenderdaten.info/Asien/Katar/tourismus.php, Dez. 2021

Oman – Tourismus zwischen Tradition und Moderne

29 Tourismusziele im Oman

Entwicklung von Touristenzahl und Tourismuseinnahmen im Oman

Daten nach https://www.laenderdaten.info/Asien/Oman/tourismus.php, Dez. 2021

31

Riesige Sanddünen in der Wüste Rub al Khali und **Oasen** wie aus dem Bilderbuch, uralte Festungen in Lehmbauweise und kunstvolle Moscheen – das ist der Oman (vgl. S. 32).

In den Städten Souks mit Kunsthandwerkerläden und in den Häfen alte Dhaus. Auf den Märkten kann der Handel mit Kamelen und Schafen beobachtet werden. Schluchten, ähnlich dem Grand Canyon, und die im Sand versunkene Stadt Urbar, das „Atlantis in der Wüste", der Oman bietet fast alles, auch Luxushotels an Traumstränden. Und dies nur wenige Flugstunden von Europa entfernt, was sich auch in den Tourismuszahlen niederschlägt.

Nachhaltiger Tourismus

„Oman setzt auf eine nicht zu starke Vermarktung in der Tourismuspolitik, denn man möchte dem Massentourismus aus dem Weg gehen. Eher streben sie nach einem qualitativ nachhaltigen Fremdenverkehr. Oman setzt auf Touristen, die Interesse am Land selbst haben, wie der jahrhundertealten Kultur und seiner Natur... Wichtig ist ihnen Umweltschutz und Ressourcenschonung – auch beim Bau neuer Tourismusprojekte ... Dabei wird auf eine umweltfreundliche Bauweise und sparsame Energienutzung geachtet."

Sara Abbasi: Chancen und Risiken des Destinationsmanagements im Spannungsfeld zwischen Ökonomie und Ökologie – dargestellt an den Tourismusdestinationen Oman und Dubai. Bachelorarbeit: Hochschule Mittweida, Fak. Medien, 2013, S. 58

30

Picknick im Nieselregen

„Tagelang verhangener Himmel, Nieselregen, durchweichte Klamotten – gewichtige Gründe, in den Urlaub zu fahren. Und zwar nach Dhofar, südliche Provinz von Oman, am Rande der Arabischen Halbinsel ... Ein herrlicher Ausnahmezustand für Zehntausende Araber aus den sonnengeplagten Golfstaaten ... Der Khareef, so heißt auf Arabisch der Monsun, der bei seinem Zug über Indien diesen äußeren Rand der arabischen Halbinsel gerade noch streift und an den Höhen des Dhofar den Sommer über verharrt ... So begehrt ist das graue Nass des Himmels, dass ... in der Hochsaison die Stadt Salalah an ihrem Rand ganze Zeltsiedlungen aufstellen lässt – die Hotels allein können den enormen Anstrom der Reisenden längst nicht aufnehmen."

Tobias Zick: Salalah, Oman. Picknick im Nieselregen. In: Süddeutsche Zeitung vom 11./12.08.2012, S. 7. Klimadiagramm nach http://www.klimadiagramme.de/Asien/salalah.html

Salalah (Oman), 18 m
17° 02′ N / 54° 05′ O
25,5 °C, 96 mm

32

6 ⊞ Die orientalische Stadt im Wandel

Das Handeln und Feilschen im Basar mit seinen exotischen Angeboten, das für Fremde undurchschaubare Gewirr von Sackgassen, alles überragt von der Freitagsmoschee, von deren Minarett im festgelegten Rhythmus die Rufe des Muezzins erschallen – derartige Assoziationen verbindet man in der westlichen Welt in der Regel mit dem Begriff „orientalische Stadt". Berichte in den Medien, auch Werbeprospekte für Städtereisen zum Beispiel nach Istanbul, Kairo oder Tunis zeigen aber auch ein anderes Bild. Moderne Hotels, zentrale Plätze mit Verwaltungs- und Bankgebäuden aus Glas und Beton, Industrie- und Gewerbegebiete stehen in scharfem Kontrast zur traditionellen Altstadt. Die Merkmale und Elemente dieser „Neustadt" zeigen, dass auch die Städte Nordafrikas und Vorderasiens einem dynamischen Wandel unterlagen und unterliegen. Unter dem Einfluss der Globalisierung verändern sich ihre Erscheinungsformen und Strukturen. Die traditionellen Lebens- und Wirtschaftsformen des Orients sind **Oasenwirtschaft**, Nomadismus und Städtetum. Innerhalb dieser klassischen Trilogie dominierten seit jeher die urbanen Räume. Im Zuge des oben angesprochenen Wandels verstärkt sich deren wirtschaftliche und kulturelle Bedeutung noch mehr. Darüber hinaus konzentrieren sich hier die wichtigen gesellschaftlichen Konflikte und Auseinandersetzungen. Sie sind Ausgangspunkt großer Demonstrationen und gesellschaftlicher Umbrüche, hier fallen die jeweils für das ganze Land maßgebenden politischen Entscheidungen.

1 Schrägluftbild über den europäischen Teil der Altstadt von Istanbul mit Hagia Sofia, Blauer Moschee und Blick über das Goldene Horn nach Galata

Kompetenzen erwerben

- Zusammenhänge zwischen dem Islam und der Gestaltung der traditionellen orientalischen Stadt herausarbeiten,
- anhand des Fallbeispiels Teheran aktuelle Strukturen und Prozesse der islamisch-orientalischen Stadt erläutern,
- anhand statistischer Kennzahlen die Bevölkerungssituation unterschiedlicher Länder des Raumes vergleichen,
- Ursachen der Landflucht in Vorderasien und Nordafrika darstellen,
- Möglichkeiten erörtern, das Wachstum der Megapolen bzw. Metropolen zu bremsen,
- räumliche und soziale Disparitäten in der orientalischen Stadt charakterisieren,
- die Stellung der Frau in Vorderasien und Nordafrika erörtern.

D 29
Infoblatt
Die orientalische Stadt

6.1 Die orientalische Altstadt – ein eigener Stadttyp

Im Orient haben sich die ältesten Stadtkulturen der Erde entwickelt. Ausgehend von der „Wiege der Stadtkulturen" in den Stromtiefländern an Euphrat, Tigris und Nil breitete sich das Städtewesen seit dem dritten Jahrtausend v. Chr. in den nordafrikanisch-vorderasiatischen Raum aus. Hier befindet sich heute das geschlossene Hauptverbreitungsgebiet des Islam. Die orientalische Stadt ist kein eigenständiges Produkt des Islam. Viele ihrer Elemente stammen aus vorislamischer Zeit oder sind auch in anderen Kulturräumen anzutreffen. Aber sie wurde durch den Islam entscheidend geprägt. Der orientalisch-islamische Stadttyp ist in einer rentenkapitalistisch organisierten Agrargesellschaft entstanden. Der Islam als vorherrschende Religion definierte die Stadt als religiöses und politisches Zentrum.

Der Islam – eine städtische Religion

„Obwohl sich die Genese des Islam in einem ... festliegenden sozialen Rahmen vollzieht, dem des Kontaktes zwischen Nomaden und Sesshaften, ist das Ideal des ... Islam seinem Wesen nach städtisch ... [Wesentliche] Grundlage [ist] vor allem das gemeinsame Gebet, ... [in erster Linie] das Freitagsgebet der gesamten Gemeinde ... Zu seiner Durchführung sind feste, stabile Moscheen erforderlich, sodass sich große Menschenmassen versammeln können. Standort dieser Freitagsmoschee ist die Stadt ... Auch die islamischen Riten sind auf den Städter zugeschnitten. Die Moschee mit ihrem für die Waschungen bestimmten Brunnenbecken ..., die fünf täglichen Gebete nach dem Ruf des Mu'addin, das Ramadan-Fasten mit seiner nächtlichen Geschäftigkeit gehören in die Stadt. Das urbane Leben ist die unerlässliche Voraussetzung nicht nur für die kollektive Verrichtung der Gebete, sondern auch für die Würde des vom Islam geforderten Lebens: Der Imam muss ein bürgerliches Leben führen, die Frauen müssen verschleiert sein – eine Forderung, die mit den Notwendigkeiten des nomadischen ..., ja bereits des dörflichen Lebens unvereinbar ist."

Hartmut Redmer: Die islamisch-orientalische Stadt – Entstehung, Wandel und heutiges Bild. In: Geographie und Schule, H. 89. Köln: Aulis 1994, S. 25

2

3 Modell der islamisch-orientalischen Stadt
Nach Hans Gebhardt u.a. (Hrsg.): Geographie. Heidelberg: Spektrum Akad. Verlag. 2. Auflage 2012, verändert

Erscheinungsbild und Funktion der Altstadt

Als typische Strukturelemente treten hervor:
- das Sackgassen-Grundrissmuster der Wohnquartiere, das dem Streben nach Schutz der Privatsphäre entspricht, gelten doch die großen Durchgangsstraßen zu den Stadttoren als öffentlicher Besitz, die Sackgassen aber als privater Bereich und Schutzkordon;
- scharf abgegrenzte Wohnquartiere mit um einen Innenhof angeordneten und nur auf diesen hin geöffneten Wohnhäusern, was die Intimität des Familienlebens garantieren soll;
- die Freitagsmoschee als religiöser und sozialer Mittelpunkt sowie kleinere Moscheen in einzelnen Stadtvierteln;
- der Souk (arabisch) bzw. Basar (persisch) als Handels-, Gewerbe- und Finanzzentrum mit Sitz der rentenkapitalistischen Landeigentümer, Kaufleute, Geldverleiher und Verleger;
- Stadtmauern sowie Burg- und Palastanlagen als Ausdruck politischer Macht;
- spezielle Stadtviertel für ethnische bzw. religiöse Minderheiten (z. B. Christen, Juden);
- nach Religionen getrennte Friedhöfe.

← **Rentenkapitalismus** Seiten 10/11

6.2 Erscheinungsformen und Ursachen des Wandels

Fallbeispiel Teheran: von der orientalischen Kleinstadt zur Metropole

Teheran war bis zum Ende des 18. Jh. eine Kleinstadt in Vorderasien. Der ummauerte zentrale Teil zeigte die ureigenen Merkmale orientalischer Stadtbaukultur. Erst als die Kadscharen-Dynastie 1796 die Hauptstadt ihres Reiches von Shiraz nach Teheran verlegte, begann der Aufschwung. Die Stadt zählte damals kaum 15 000 Einwohner. Heute leben in der Stadt etwa 9 Mio. Menschen, in der Metropolregion nahezu 18 Mio. Teheran ist zum überragenden Zentrum des Landes aufgestiegen. Der Aufstieg hat die inneren Strukturen radikal verändert – und er schafft massive Probleme.

1 Beschreiben Sie die Entwicklung Teherans.

2 Charakterisieren Sie grundlegende Veränderungen in der Stadtstruktur.

3 Vergleichen Sie die heutige Stadtstruktur mit dem „Modell der islamisch-orientalischen Stadt" (S. 77).

4 Gestalten Sie aus der Sicht von Jugendlichen einen Kommentar zur aktuellen Situation im Teheraner Stadtleben. Beziehen Sie dabei Quellentext 11 von S. 80 in Ihre Überlegungen ein.

4 Wachstum Teherans von 1870 bis 2020
Nach Martin Seeger: Teheran. Eine stadtgeographische Studie. Wien/New York: Springer 1978, ergänzt auf Grundlage von Satellitenbildern

Teheran – Metropole am Limit?

„Vor allem die autoritäre Modernisierung unter dem ersten Pahlavi-Schah [reg. 1925–1941] zog große Veränderung für die Stadt nach sich, so zum Beispiel die Zerstörung von zwei Dritteln des historischen Stadtkerns, an dessen Stelle die neugeschaffenen Ministerien erbaut wurden. Auch die soziale Trennung der Stadt wurde ... stark vorangetrieben und wohlhabendere Schichten siedelten sich mehr und mehr im Norden der Stadt an.

Der Sohn ... Mohammed Reza Pahlavi (reg. 1941–1979), verordnete dem Land eine planmäßige Modernisierung sowie Industrialisierung und regierte während des Einzugs eines konsumbasierten Kapitalismus nach US-amerikanischem Vorbild. Das rasante Wachstum der Teheraner Bevölkerung als direkte Folge dieser Politik stellte die Stadt vor große soziale Probleme, da nicht ausreichend Wohnraum und Infrastruktur vorhanden waren – und bildete eine Ursache sozialer Unruhe, die sich später in der Revolution entlud ... Das Zusammenspiel aus Kapitalismus, politischer und polizeilicher Kontrolle sowie sozialen Problemen ist auch heute noch ein Charakteristikum der modernen Großstadt Teheran. Trotz gut funktionierender Metro und Expresslinien für Busse sind zudem die Straßen notorisch überlastet, was zu einer hohen Anzahl von Abgas- und Unfalltoten führt."

Teheran – Metropole am Limit? Veranstaltung dis:orient e.V. vom 05.10.2017, auf disorient.de, Dez. 2021, leicht verändert

5

Bevölkerungsentwicklung von Teheran und Mashad (zweitgrößte Stadt) Irans

Metropolregion Teheran (2021): ca. 18 Mio. Einwohner
Iran (2020): 84,2 Mio. Einwohner

— Bevölkerung Teheran   — Bevölkerung Mashad

Nach World Population Review: Tehran/Mashhad Population 2021, auf worldpopulationreview.com, Dez. 2021

6

Teheran: Grundinformationen

Lage: am Südhang des Elburs-Gebirges als Gebirgsfußoase auf den Schuttmassen des Gebirgsvorlandes

Relief: in Höhenlagen zwischen 1 700 m im Norden und 1 000 m im Süden auf einer schiefen Ebene mit offenem Übergang in die Kawir-[Wüsten-]flächen des inneriranischen Hochlandes

Klima: winterkaltes-sommertrockenes Steppenklima mit hoher Kontinentalität (nach Köppen: BSk bzw. BSs); im Norden reliefbedingte Klimagunst mit „Sommerfrische" (allerdings bei winterlicher strenger Kälte und Schneereichtum), im Süden Sommerhitze und Smoggefahr

Wasserversorgung: Talsperren an den Flüssen Karaj im Westen und Jajerud im Osten; dazu Grundwasserbrunnen auf den Schwemmfächern des Elburs-Gebirges; akuter Wassermangel mit stetigem Absinken des Grundwasserspiegels; Frischwasservorräte im gebirgsnahen Norden, Wassermangel und nachlassende Wasserqualität (Versalzungserscheinungen) im Süden

8

Stadtentwicklung nach 1979

„Die Islamische Revolution von 1979 hat zwar weitreichende gesellschaftliche und wirtschaftliche Veränderungen nach sich gezogen, die Grundstruktur des Stadtgefüges aber nicht wesentlich tangiert ... Dennoch gibt es eine Reihe qualitativer ... Modifikationen:

– Die vorrevolutionären Eliten sind entweder eliminiert worden oder haben [in erheblichem Ausmaß] das Land verlassen. In die Villenvororte des Nordens sind revolutionär geprägte und gesinnte Bevölkerungsteile nachgezogen ... Die verbliebene alte und neue Oberklasse kapselt sich mehr und mehr ab, wie an der rapiden Ausweitung von Gated Communities abzulesen ist.

– Der traditionell benachteiligte Süden wurde durch... massive Investitionen in den sozialen Wohnungsbau aufgewertet. Allerdings sind die beschränkten Geldmittel des Staates eher den Stadterweiterungen als dem Stadterhalt zugutegekommen. Deshalb hat sich die Tendenz zum Verfall älterer Stadtteile verstärkt; vereinzelt besteht die Gefahr, dass diese zu Slums absinken.

– In letzter Zeit ist die Zahl der Hüttenviertel im Steigen begriffen. Es wird geschätzt, dass knapp 20 % der Bewohner der Tehran Metropolitan Region in Siedlungen dieses Typs leben, vorwiegend auf ungenutzten, wüstenhaften Flächen des östlichen und südlichen Stadtrandes."

Jürgen Bähr/Ulrich Jürgens: Stadtgeographie II. Braunschweig: Westermann 2009, S. 236–237

7

Der Basar – nach wie vor das „wirtschaftliche Herz" der Stadt

„Im ‚Großen Basar von Teheran' ... hat sich über die Jahrhunderte ein Einkaufsmagnet der besonderen Art entwickelt: eine Stadt in der Stadt, ein Ort mit einer großen Vergangenheit und einer fesselnden Gegenwart. Unzählige Händler bieten ihre Waren feil, Tausende von Besuchern kommen jeden Tag zum Einkaufen. Hier gibt es alles. Der Duft der Gewürze und der Rauch der Schaschlik-Bratereien ziehen über die Verkaufsstände hinweg, vermischen sich mit den Rufen der Karrenschieber, die alle Lasten per Hand durch die engen Gassen ziehen. Ganze Straßenzüge beherbergen Stoffhändler, Goldhändler oder Teppichverkäufer. Auf dem ‚Großen Basar' herrscht eine entspannte, geschäftige Atmosphäre, hier schlägt das wirtschaftliche Herz Teherans, hier wird kommuniziert, Politik gemacht und gebetet."

Elke Werry: Basare der Welt – Teheran. ARD, WDR Köln vom 22.09.2020, auf https://programm-stage.ard.de, Dez. 2021

9

Unterwegs in Teheran

„Werkstätten und kleine Geschäfte beleben den ärmeren Süden. Im Norden dominieren Villen und Shops für westliche Mode und Autos ... Es ist eine Kunstszene entstanden, die versucht, die traditionelle und moderne Welt zu verbinden. Im wohlhabenden Botschaftsviertel liegen über hundert Ateliers, Galerien und das Art Center, eine Ausstellungs- und Eventgalerie ...

Das ‚Iranian Artists Forum' liegt im Zentrum Teherans und war früher eine Militärbaracke. Heute finden in den Räumen Workshops und Ausstellungen statt. Fast jeden Abend gibt es Aufführungen, zu denen sich ein buntes Publikum trifft. Eine junge, gebildete Mittelschicht, die gierig Neues in sich aufsaugt ... Es gibt Parks, in denen Teenager, Mädchen und Jungs, zusammen Sport treiben, in denen Verliebte schüchtern Händchen halten, junge Frauen, deren obligatorischer Tschador weit auf den Hinterkopf rutscht ... Aber man darf sich nicht täuschen lassen. Was geht und was nicht im Iran, ist ... schwer zu durchschauen."

Michael Marek/Sven Weniger: Unterwegs in Teheran – Hijab, Hipster und Hochkultur – Kultur. Schweizer Radio und Fernsehen (SRF) vom 01.02.2019, auf https://www.srf.ch, Dez. 2021

10

6.2 Die orientalische Stadt im Wandel

Die Vali-Asr-Straße in Teheran – Partymeile und Beziehungsbörse

„Die Vali-Asr-Straße ist mit mehr als neunzehn Kilometern angeblich die längste innerstädtische Autobahn der Welt. Sie führt vom Süden in den höher gelegenen Norden Teherans. Für Jugendliche und junge Erwachsene ist sie eine beliebte Strecke, um einander näher kennenzulernen. Denn seit der islamischen Revolution 1979 gibt es keine Diskotheken mehr im Land, private Partys und natürlich Alkohol sind streng verboten. Deshalb machen sich die jungen Leute für den Abend schick und fahren mit dem Auto den Prachtboulevard entlang.
Ein Modegeschäft reiht sich hier an das andere, es gibt Restaurants und Cafés... Die Idylle wird durch Abgase der oft überalterten Karossen zerstört, die nur im Schneckentempo vorankommen. Sie stehen im Dauerstau. Doch das stört keinen, denn wer hierherkommt, will Visitenkarten tauschen."

Bita Schafi-Neya: Flirt-Stau in Teheran. Frankfurter Allgemeine Zeitung (FAZ) vom 13.09.2015, auf https://www.faz.net, Dez. 2021

11

Anhaltende Proteste in Tunesien

„Nach Protesten und gewaltsamen Unruhen in Tunesien haben Sicherheitskräfte dort in vergangenen Tagen mehr als 630 Menschen festgenommen. Gruppen aus 20 bis 30 Jugendlichen und Minderjährigen seien trotz einer nächtlichen Corona-Ausgangssperre auf die Straße gegangen, sagte Chalid Hajuni, Sprecher des Innenministeriums. ‚Das Gewaltniveau war hoch.' Hajuni warf den Gruppen ‚kriminelle Handlungen und Plünderungen' vor, zudem seien Sicherheitskräfte schwer verletzt worden. Die Armee wurde zu Einsätzen in mindestens vier Städten des Landes gerufen.
Die seit Freitag laufenden Proteste fallen auf den zehnten Jahrestag der Flucht des Langzeitherrschers Zine El Abidine Ben Ali am 14. Januar 2011, der mehr als 20 Jahre lang an der Macht war. Tunesien ist als einzigem Land, das von Aufständen in der arabischen Welt erfasst wurde, der schrittweise Übergang zur Demokratie gelungen. Korruption und die schlechte Wirtschaftslage – verstärkt durch die Pandemie – plagen das Land aber weiterhin. Das Misstrauen gegen die herrschende Elite und die etablierten politischen Parteien ist groß.
Die Menschenrechtsorganisation Amnesty International forderte die Sicherheitskräfte in Tunesien auf, keine unnötige und übermäßige Gewalt anzuwenden. Der Einsatz von Gewalt sei nur angemessen, wo unbedingt notwendig und gerechtfertigt', teilte Amnesty mit. ‚Jeder Mensch hat in Gewahrsam das Recht, nicht schlecht behandelt oder gefoltert zu werden, seine Familie und einen Anwalt zu kontaktieren sowie ein Recht auf ärztliche Versorgung.'"

dpa-Meldung vom 18.01.2021

12

Demografie – junge Bevölkerung in den Städten

In den Staaten von Nordafrika und Vorderasien dominiert zahlenmäßig die Jugend in der Bevölkerung. Vielfach liegt der Anteil der Unter-30-Jährigen bei über 60 Prozent. Das gilt in besonderer Weise für die Städte. Diese Altersstruktur prägt in starkem Maße das Stadtbild, die urbane Atmosphäre, die Stadtentwicklung – und sie führt zunehmend auch zu Problemen und gesellschaftlichen Konflikten.

Altersstruktur als gesellschaftliche Herausforderung

„Diese junge Bevölkerung stellt die Staaten vor große Herausforderungen. Sie müssen [insbesondere in den Städten] die öffentliche Infrastruktur der stetig wachsenden Bevölkerung anpassen und somit mehr Kindergärten, Schulen und Universitäten finanzieren. Aufgrund des hohen Anteils der Nicht-Erwerbsfähigen an der Gesamtbevölkerung fehlt es jedoch an Steuereinnahmen, die zum Ausbau und zur Bereitstellung der öffentlichen Infrastruktur benötigt werden. In den nahöstlichen Ländern ohne hohe Einnahmen aus den Ölexporten verschärft die hohe Jugendarbeitslosigkeit das staatliche Finanzierungsproblem weiter.
Im Zeitverlauf werden zahlenmäßig mehr Jugendliche das Erwachsenenalter erreichen, als sich heute im Erwachsenenalter befinden: Sie werden auf den Arbeitsmarkt drängen und mehr Kinder auf die Welt bringen können, als dies im Moment der Fall ist. Dieser Bevölkerungsanstieg zieht soziale, ökonomische, ökologische und damit politische Herausforderungen nach sich. Zukunftsszenarien sagen Konflikte um die begrenzte Ressource Wasser, einen zunehmenden Klimawandel und fortdauernde Landflucht der Jugend in die Städte voraus. Negative Auswirkungen auf die Nahrungsmittelsicherheit und die Versorgung der älteren Bevölkerung wären die Folgen."

Viola Lucas: Gesellschaftliche Herausforderungen. In: Bundeszentrale für politische Bildung (Hrsg.): Informationen zur politischen Bildung 331 (H. 3–4/2016): Naher Osten, Bonn 2016, S. 46

13

Mit wachsendem Wohlstand, besserer medizinischer Versorgung, Bildung und einer veränderten Rolle der Frau nehmen in der Regel die Kinderzahlen pro Frau und damit die **Geburtenraten** ab. Dieses Muster trifft auf die Staaten Nordafrikas und Vorderasiens aber nur bedingt zu. Dort ist die Bevölkerung seit der zweiten Hälfte des 20. Jh. sehr stark gewachsen. Daraus resultiert die im Durchschnitt sehr junge Bevölkerung.

In wenigen wirtschaftlich stark entwickelten Staaten Nordafrikas und Vorderasiens sind die **Gesamtfruchtbarkeitsraten** tatsächlich teilweise bis unter das Bestandserhaltungsniveau von durchschnittlich 2,1 Kindern pro Frau gesunken. In vielen anderen Ländern ist die Fertilität dagegen nach wie vor relativ hoch. Hier spielen – vor allem im ländlichen Raum – Traditionen, Familienleben und frühes Heiraten nach wie vor eine große Rolle. In den Städten geht der Trend allerdings eindeutig hin zur Kleinfamilie, zu höherem Heiratsalter und zur Familienplanung. Es werden weniger Kinder geboren.

Beispiel Iran

„Der Bildungsstand der Bevölkerung ist hoch. Dies gilt insbesondere für Frauen – sie sind heute an den Universitäten schon häufiger zu finden als Männer. Die große Mehrheit der Frauen lebt einen westlich-säkularen Lebensstil. Rund siebzig Prozent der Iraner wohnen in Städten. All diese Merkmale der Moderne führen schon für sich allein überall auf der Welt zu niedrigen Kinderzahlen ...
Dennoch wird die Bevölkerung im Iran weiterwachsen. Denn derzeit sind die geburtenstarken Kohorten aus der Zeit nach der Revolution im potenziellen Elternalter. Selbst wenn die Fertilität weiter sänke, würde diese kopfstarke Gruppe das Wachstum ankurbeln. Mit 100 Millionen Iranern ist bis 2050 in jedem Fall zu rechnen."

Reiner Klingholz/Felix Lill/Joachim Budde: Wachsen und schrumpfen. In: DIE ZEIT vom 06.02.2014, auf https://www.zeit.de, Dez.2021

14

Demografie im Überblick 2021

Länder (Auswahl)	Bevölkerung (Mio.)	Natürliche Wachstumsrate (%)	Gesamtfruchtbarkeitsrate (Kinder pro Frau)	Anteil der Altersgruppen (%)		BNE/Kopf (US-$)
				< 15 Jahre	> 64 Jahre	
Ägypten	102,3	1,7	2,7	34	5	12 210
Algerien	45,1	1,7	2,8	30	6	11 010
Marokko	36,3	1,3	2,3	27	8	7 190
Tunesien	11,8	0,9	2,1	25	8	9 990
Iran	85,0	0,9	1,9	25	7	13 150
Israel	9,4	1,4	2,9	28	12	41 750
Jemen	30,5	2,3	3,6	39	3	2 057*
Jordanien	10,9	1,6	2,7	35	4	10 320
Oman	4,5	1,6	2,6	27	3	26 160
Saudi-Arabien	35,9	1,1	2,0	25	3	47 790
Türkei	83,8	0,9	1,9	23	10	27 780
z. Vgl. Deutschland	83,1	-0,3	1,5	14	22	55 220

* 2019   Nach: DSW-Datenreport 2021. Hannover: Deutsche Stiftung Weltbevölkerung 2021, S. 8 ff.

15

Nordafrika und Vorderasien
Altersstrukturdiagramme („Bevölkerungspyramiden")

Nordafrika 2021 – Bevölkerung: 250 635 265
Vorderasien 2021 – Bevölkerung: 283 988 479

Nach PopulationPyramid.net, Dez. 2021

16

---

5 Beschreiben Sie anhand der Beispiele in den Materialien 11 und 12 die Situation von Jugendlichen in Nordafrika und Vorderasien.

6 Charakterisieren Sie die demografische Situation im Iran und in Tunesien.

7 Vergleichen Sie die Altersstrukturdiagramme der Bevölkerung in Nordafrika und Vorderasien (Material 16).

8 „Die jugendliche Altersstruktur in Nordafrika und Vorderasien wirkt sich massiv auf die Stadtentwicklung aus." Begründen Sie diese Aussage.

6.2 Die orientalische Stadt im Wandel

Landflucht ...

Der ländliche Raum bietet in Nordafrika und Vorderasien einer wachsenden Bevölkerung weder ein ausreichendes Einkommen noch Perspektiven. Die vorwiegend kleinbäuerlich strukturierte Landwirtschaft kann nicht genügend Arbeitsplätze bereitstellen. Entsprechend stark wirken die Abstoßungsfaktoren (Push-Faktoren) ländlicher Räume und die Anziehungskräfte (Pull-Faktoren) der Städte.

Dabei ist Landflucht nicht ausschließlich eine Flucht vor Armut und Arbeitslosigkeit, sondern zunehmend auch vor Sozialstrukturen, die als beengend empfunden werden. Einen wesentlichen Beitrag leisten hierzu die Medien durch die Verherrlichung westlicher Lebensstile und die Steigerung entsprechender Konsumwünsche.

Motive der Land-Stadt-Wanderung in Ländern des Globalen Südens

persönliche Motive
- Glaube an eine Verbesserung der Situation („schlechter kann es nicht werden")
- außengeleitetes Verhalten / Mode („wie der Freund / Bruder")
- ...

durch Kommunikationsmedien beeinflusste Motive
- verlockende „Bilder" städtischen Lebens in Radio / Fernsehen / Presse
- Berichte von Besuchern aus der Stadt
- Informationen durch Saisonarbeit in der Stadt, z. B. auf Baustellen
- ...

→ METROPOLE ←

Attraktive Strukturmerkmale des städtischen Raums (Pull-Faktoren)
- Arbeitsmöglichkeiten
- höherer Verdienst
- Aufstiegschancen
- größere persönliche Freiheit
- größere Auswahl an öffentlichen Infrastruktureinrichtungen (Schule, Krankenhaus, ...)
- größere Teilnahmemöglichkeiten an Gütern und Dienstleistungen des Staates
- abwechslungsreicher Lebensalltag
- gewisse Versorgungssicherheit (Nahrungsmittel)

Nachteilige Strukturmerkmale des ländlichen Raums (Push-Faktoren)
- niedriger Lebensstandard
- unzureichende Ernährungslage infolge Landknappheit
- Arbeitslosigkeit
- Unterdrückung durch Grundbesitzer
- Ausbeutung durch Zwischenhändler
- mangelnde Versorgung mit öffentlichen Dienstleistungen (Schule, Krankenhaus, ...)
- erstarrte Sozialstrukturen
- mangelnde Innovationsbereitschaft
- Ernterisiko durch Witterungseinflüsse / Bodenzerstörung

17

Anteil der Landbevölkerung an der Gesamtbevölkerung (in %)

	Tunesien	Ägypten	Jordanien	Oman	Saudi-Arabien	z. Vgl. Deutschland
2021	30,4	57,1	8,4	13,0	15,5	22,5
2015	31,9	56,9	16,3	22,4	16,9	24,7
2010	33,3	56,6	17,5	26,8	17,9	26,2
2000	36,6	57,2	20,2	28,4	20,2	26,9
1990	42,1	56,5	27,8	33,9	23,4	26,9
1980	49,4	56,1	40,1	52,4	34,1	27,2
1970	56,5	57,8	44,0	70,3	51,3	27,7
1960	62,5	62,1	49,1	83,6	68,8	28,6

Nach Weltbank und CIA World Fact Book

18

19 Vom Bergdorf Chenini im Süden von Tunesien ...

Abwanderung aus den tunesischen Dörfern

„Der Süden Tunesiens leidet unter einer dramatischen Landflucht, für welche die Zivilgesellschaft neben der grassierenden Korruption und Umweltverschmutzung vor allem die akute Wirtschaftskrise verantwortlich macht. Während in der Hauptstadt Tunis neue Bürgerinitiativen und das freigewählte Parlament zahlreiche Reformen durchsetzen konnten, fühlt sich die Jugend in Orten wie Kasserine vom politischen Leben völlig ausgeschlossen. Viele leben ausschließlich von Schmuggel entlang der nahen algerischen Grenze. Die Arbeitslosenquote liegt nach Angaben von lokalen Aktivisten in Kasserine und Sidi Bouzid wohl weit über 50 Prozent.
Den Staat kennen viele Jugendliche nur in Form von Polizeiwillkür ... das Umland von Kasserine gilt als Rückzugsgebiet für militante Islamisten, die nachts in die Stadt kommen um sich Nachschub zu organisieren. Das Militär hat den Ort zum militärischen Sperrgebiet erklärt. ‚Viele Jugendliche in Kasserine haben nicht mehr das Gefühl, in Tunesien zu leben, da ihnen der Staat weder physische noch soziale Sicherheit bietet', so der Unternehmer Mohamed Messaoui, der am Fuße der Chambi-Berge eine Fabrik leitet."

Mirco Keilberth: Protestwelle in Tunesien. taz vom 26.12.2018, auf taz.de, Dez. 2021

20

... und Städtewachstum

Urbanisierung

„Die sozioökonomische Entwicklung der vergangenen Jahrzehnte begünstigte … das rasante Wachstum der Städte. Die Landflucht … sorgt für einen stetigen Zufluss von jungen Menschen in die Städte. Insbesondere junge Akademiker versprechen sich dort eine bessere Anstellung als auf dem Land. Da sich in der Landwirtschaft nur geringe Einkommen verdienen lassen, verstärkte sich der Abwanderungstrend. In den 1970er- und 1980er-Jahren sorgte die Arbeitsmigration aus ärmeren arabischen Staaten wie Jemen, Ägypten und Jordanien insbesondere in die Golfstaaten für einen weiteren Urbanisierungsschub. Die Zahl der Großstädte mit über einer Million Einwohnern stieg rapide an, und es bildeten sich Megastädte mit mehreren Millionen Einwohnern."

Viola Lucas: a.a.O., S. 50

21

23 … in die Hauptstadt Tunis

22 Verstädterungsgrad und Wirtschaftskraft in den Ländern Nordafrikas und Vorderasiens 2020

Verstädterungsgrad (in %, 2020): 75–100, 60–75, 45–60, 30–45, keine Daten

Bruttonationaleinkommen pro Einwohner (in US-$, bei Kaufkraftparität, 2020): über 50 000, 10 000–50 000, 5 000–10 000, 2 000–5 000, unter 2 000, keine Daten

Orte (Auswahl): über 10 Mio. Einw., 5–10 Mio. Einw., unter 5 Mio. Einw.

Staatsgrenze, umstrittene Grenze / Waffenstillstandslinie

9 Landflucht
a) Arbeiten Sie aus den Materialien der S. 82 Gründe für die Landflucht in den Staaten Nordafrikas und Vorderasiens heraus.
b) Ordnen Sie Ihren Befund in die – ggf. zu ergänzende – Grafik 17 ein.

10 Vergleichen Sie die Verstädterung der in Tabelle 18 ausgewählten Länder Nordafrikas und Vorderasiens.

11 Jugendliche, die in Kasserine, ihrer Heimat, bleiben wollen, hoffen auf Verbesserungen ihrer Lebensperspektive in der Stadt. Erörtern Sie die Realisierungschancen (Quellentext 20).

6.2 Die orientalische Stadt im Wandel

Kolonialisierung – Verwestlichung – Globalisierung

24 Staaten und Kolonien in Nordafrika und Vorderasien 1914

26 „Bürger" King in Dubai?

Mustafa Kemal Atatürk
(*1881 in Thessaloniki [Saloniki], †1938 in Istanbul)

Begründer der modernen Türkei und erster Präsident der türkischen Republik

25

Der nordafrikanische Raum geriet im 19. Jh. vollständig unter den Einfluss der europäischen Großmächte. In Vorderasien befand sich Persien in einem halbkolonialen Status, aufgeteilt in eine nördliche russische und eine südöstliche britische Interessensphäre. Lediglich das Osmanische Reich, auf das Deutschland starken politischen und wirtschaftlichen Einfluss hatte, behauptete formal noch seine Unabhängigkeit. Es befand sich aber in einem dauernden Niedergang. Nach der Niederlage im Ersten Weltkrieg wurde es schließlich zerschlagen. Die Politik Kemal Atatürks sicherte zumindest die Unabhängigkeit des anatolischen Kernlandes und führte zur Gründung der heutigen Türkei. Die Region des „Fruchtbaren Halbmondes" dagegen kam unter die Autorität des Völkerbundes. Syrien und der Libanon fielen als „Mandatsgebiete" an Frankreich, Palästina, Transjordanien und der Irak an Großbritannien. Mit der Kolonialisierung nahm der westliche Einfluss stetig zu.

Verwestlichung im Orient

„Seit der ersten Hälfte des 19. Jahrhunderts hat europäischer Wirtschaftsimperialismus dann auch gegen den Willen der Betroffenen zu einer zunehmenden Verwestlichung geführt: Die Märkte des Orients wurden für europäische Waren geöffnet; der Bau von Überseehäfen und von Straßen und Eisenbahnlinien ins Binnenland förderte das Einströmen europäischer Waren, Ideen und Institutionen ...
Seit dem Zweiten Weltkrieg schließlich erfasst der Prozess der Verwestlichung auch die einfacheren Sozialschichten und die entlegeneren Gebiete. Westliche Vorbilder werden jetzt wegen des mit ihnen verbundenen höheren Sozialprestiges freiwillig, teilweise sogar betont nachgeahmt ... Westliche Konsumgewohnheiten und westlich orientierte Lebensführung sind im Orient zu einem Statussymbol geworden". [In bewusster Abkehr davon fordern Fundamentalisten heute eine Rückbesinnung auf die Kultur und Tradition des Islam.]

Horst Mensching/Eugen Wirth (Hrsg.): Nordafrika und Vorderasien. Fischer Länderkunde, Bd. 4. Frankfurt am Main: Fischer Taschenbuch Verlag 1989, S. 48–49

27

Überformung der Stadtstruktur als Folge

„Der Idealtypus der orientalischen Stadt [vgl. Grafik 3, S. 77] unterlag bereits im 19. Jh. westlichen Einflüssen … Dabei blieb jedoch ein großer Teil der traditionellen Stadt intakt und wurde kaum überprägt, die Verwestlichung ergriff nur einen kleineren Teil des Zentrums und kann eher als Form der Stadterweiterung aufgefasst werden. Dies bedingt die charakteristische Bipolarität der Großstädte im orientalischen Kulturraum. Seitdem besitzt das Zentrum der Stadt zwei Mittelpunkte: den traditionellen Kern mit dem Bazar und die neue Mitte mit der westlichen City als Gegenpol. Beide sind durch ältere Geschäftsstraßen miteinander verbunden. Die neuesten und modernsten Geschäfte befinden sich aber eher am Rand der schon unter dem frühen europäischen Einfluss entstandenen City und vergesellschaften sich räumlich mit dem Hotel- und Bürodistrikt. Dagegen hat sich der ältere, dem Bazar zugewandte Citykern zum Regierungs- und Verwaltungsviertel mit Botschaften und hochrangigen Dienstleistungen entwickelt. Die ethnische Segregation ist aus dieser Stadt zwar nicht vollständig verschwunden, sie ist jedoch heute weit weniger bestimmend als die moderne, sozial definierte Trennung der Schichten. Mittel- und Oberschicht bewohnen landschaftlich und ökologisch bevorzugte Villenvororte, teils auch citynahe Appartementhochhäuser, demgegenüber sind die Altstadt und benachbarte Quartiere zu Unterschichtvierteln herabgestuft. An diese schließen sich am Rand Marginalviertel an."

Axel Borsdorf/Oliver Bender: Allgemeine Siedlungsgeographie. Wien/Köln/Weimar: Böhlau 2010, S. 340–341

28

29 Business-District-Skyline Doha (Katar) – durch „Oil Urbanization" an westlichen Vorbildern orientiertes Beispiel der Stadtentwicklung im Nahen Osten

Beharrung und radikaler Wandel

„Länger unangetastet blieb die städtische Struktur auf der Arabischen Halbinsel. In Südarabien sind die Zeugnisse hoch entwickelter Stadtstrukturen zum Teil bis heute erhalten [z. B. Sanaa, Maskat]. Vor allem im Jemen geben die Turmhäuser – spektakuläre Hochbauten von bis zu acht Stockwerken – den Städten ihr besonderes Gepräge. Dagegen werden die ölreichen Stadtstaaten an der Golfküste fast vollständig von einer an westlichen Vorbildern orientierten Stadtentwicklung bestimmt, die … als ‚Oil Urbanization' bezeichnet [wird]."

Jürgen Bähr/Ulrich Jürgens. Stadtgeographie II. Braunschweig: Westermann 2009, S. 230

30

12 Beschreiben Sie die koloniale Aufteilung Nordafrikas und Vorderasiens bis zum Ersten Weltkrieg.

13 Erläutern Sie Einflüsse der „Verwestlichung" auf die Struktur der orientalischen Stadt.

14 Erstellen Sie – ausgehend von Grafik 3, S. 77 – ein erweitertes Modell der orientalischen Stadt unter westlich-modernem Einfluss.

15 Ordnen Sie Foto 29 in Ihr Modell ein.

16 Bewerten Sie die Auswirkungen von Kolonialisierung, Verwestlichung und Globalisierung auf die orientalische Stadt aus verschiedenen Perspektiven (z. B. konservativer islamischer Geistlicher, Wirtschaftsvertreter, städtischer Jugendlicher).

Auswirkungen der Globalisierung

„Eine neue Konsumkultur (Fast Food) setzt sich bei der jungen, wohlhabenden Bevölkerung durch. Die sozialen Konflikte nehmen zu, insbesondere auch dadurch, dass das Face Lifting der Innenstadt (Unterbindung informeller Aktivitäten, Upgrading innerstädtischer Slums) zu einer Verdrängung alteingesessener Bewohner führt. Dadurch löst sich die historisch gewachsene ökonomisch und kulturell verwobene Stadtstruktur zusehends auf. In Istanbul z. B. dokumentiert die neue Skyline aus modernen Hochhäusern … die gewonnene Bedeutung als Global City der dritten Reihe und als führender Wirtschaftsstandort."

Ebenda, S. 232

31

6.3 Megapolisierung und Metropolisierung

32 Probleme einer Megacity – Stau in Kairo

Folgen der Metropolisierung Kairo

„Kairo ist ein bedeutendes Handelszentrum und eine Drehscheibe zwischen Südeuropa und dem Maghreb. Zahlreiche Wirtschaftsorganisationen und Unternehmen haben ihren Hauptsitz in der ägyptischen Hauptstadt ...
Die ungebremste Metropolisierung Kairos bringt aber zahlreiche Probleme mit sich. Da die Verkehrsentwicklung mit dem rasanten Bevölkerungswachstum nicht Schritt halten kann, ist ein Verkehrschaos die Folge. Im innerstädtischen Bereich und in randstädtischen Gebieten haben sich Elendsviertel herausgebildet. Charakteristisch sind neben einer heruntergekommenen Bausubstanz auch schlecht ausgebaute Infrastruktureinrichtungen. Armut und Arbeitslosigkeit sind hier außerordentlich hoch. Dadurch sind die sozialen Probleme wie Kriminalität, Drogenmissbrauch, Alkoholismus und Krankheiten besonders gravierend."

Mirko Ellrich/Wiebke Hebold: Infoblatt Kairo, auf www.klett.de/terrasse, Dez. 2021

33

Demografische Kennziffern der Megastädte in Nordafrika und Vorderasien 2021

Megastadt	Einwohnerzahl gesamtes Land (Mio. Ew.)	Megacity (Mio. Ew. Metropolregion)	Zweitgrößte Stadt (Mio. Ew.)	
Kairo (Ägypten)	106,4	21,3	Alexandria	5,4
Teheran (Iran)	85,9	18,0	Meschhed (Mashad)	3,3
Istanbul (Türkei)	82,5	15,5	Ankara	3,0
Bagdad (Irak)	39,7	11,9	Mosul	1,7
z. Vgl. Berlin (Deutschland)	83,2	3,7	Hamburg	1,9

Datenzusammenstellung Autor nach DSW-Datenreport 2021 u. CIA-World-Factbook

34

Entstehen von Megacitys

Als Ergebnis des globalen **Verstädterungsprozesses** sind riesige Bevölkerungsballungen entstanden, die mit Begriffen wie **Megacity** oder Megalopolis bezeichnet werden. Legt man für eine solche **Megastadt** eine Untergrenze von 10 Mio. Einwohnern fest, dann gehören in Nordafrika nur Kairo, in Vorderasien Teheran, Istanbul und Bagdad zu dieser Kategorie.

Das bevölkerungsmäßige Übergewicht einer Megacity in einem Land wird als **demografische Primacy** bezeichnet. Ihr Indikator ist der prozentuale Anteil dieser **Metropole** an der gesamten Landesbevölkerung. Ein weiterer gebräuchlicher Indikator ist der Index of Primacy, der als Quotient aus der Einwohnerzahl der größten und zweitgrößten Stadt definiert ist.

Mit der Bevölkerungszahl allein und ihrem Zuwachs lässt sich das Problem der Metropolisierung jedoch nur unzureichend erfassen. Viel aussagekräftiger ist im Hinblick auf die Entwicklungsperspektiven eines Landes die **funktionale Primacy** einer Metropole. Darunter versteht man die hohe Konzentration von politisch-administrativen, wirtschaftlichen, sozialen sowie kulturell-wissenschaftlichen Funktionen und v.a. auch von Macht- bzw. Entscheidungsträgern in der jeweiligen Metropole.

Die Dominanz der Metropolen ist dabei in Nordafrika und Vorderasien auch eine Folge der rentenkapitalistischen Verflechtungen zwischen Stadt und Umland. In den urbanen Zentren haben die absentistischen, d.h. stadtansässigen Eigentümer der Produktionsmittel bzw. Rententitel ihren Sitz (vgl. S.10). Dorthin fließen also die auf dem Land erwirtschafteten Erträge in Form von Ernteanteilen bzw. Pacht. Die Gewinne werden nicht im ländlichen Raum, sondern in der Stadt investiert – zum Erwerb weiterer Rententitel oder zum Konsum in vielfältiger Form. Daraus ergibt sich eine parasitäre Rolle der Stadt, insbesondere der Metropolen.

D 30
Infoblatt
Kairo

Entlastungsstädte in der Wüste – eine nachhaltige Lösung?

Es gibt in Nordafrika und Vorderasien verschiedene Ansätze, die Dominanz der jeweiligen **Metropole** einzuschränken. In der Türkei verlegte Kemal Atatürk 1923 die Hauptstadt von Istanbul ins zentrale Hochland nach Ankara. Im Iran wurde bereits in den 1970er-Jahren ein – allerdings nicht konsequent durchgesetztes – Verbot weiterer Industrieansiedlungen im Raum Teheran erlassen. Nach der Islamischen Revolution wurde – mit durchaus beachtlichen Erfolgen – die Entwicklung sekundärer Zentren wie Meschhed, Qom oder Yazd gefördert. Einen ganz anderen Weg beschreitet Ägypten. Hier entstehen im Umkreis der Metropole Kairo in der Wüste völlig neue Städte.

36 Ägyptens New Administrative Capital

Entlastungsstädte in der Wüste – eine nachhaltige Lösung?

Um das Wohnungsangebot zu verbessern, hat die Regierung schon vor über 40 Jahren begonnen, Satellitenstädte in der Wüste rund um die Metropole zu planen und zu bauen. Sie liegen bis zu 100 km von der Innenstadt Kairos entfernt, jedoch hauptsächlich entlang von Ausfallstraßen und Schienenverkehrswegen. Ein Autobahnring soll dazu beitragen, das alltägliche Verkehrschaos abzumildern. Hauptproblem der gesamten Siedlungstätigkeit ist und bleibt die Wasserversorgung.
2015 fiel der Startschuss für das jüngste ehrgeizige Bauvorhaben. In der Nähe von Kairo soll eine neue, im Moment noch namenlose Hauptstadt entstehen – mitfinanziert und gebaut von chinesischen Firmen. „The New Administrative Capital" liegt ca. 40 Kilometer östlich von Kairo. Dort sollen nach der für Mitte der 2020er-Jahre geplanten Fertigstellung 6,5 bis 8 Mio. Menschen leben. Das Projekt ist nicht zu verwechseln mit der bereits ab dem Jahr 2000 errichteten Planstadt „Neu-Kairo".

35

Gated Community de Luxe?

„Offiziell wird als Grund für den Bau der neuen Megastadt angegeben, dass dadurch Kairo entlastet werden soll, berichtet Martin [Durm, ARD-Korrespondent für Ägypten]… Doch an der aktuellen Umsetzung gibt es Kritik. Diese stelle lediglich eine Entlastung für die ägyptische Elite dar: Regierungspolitiker, hochrangige Militärs und Unternehmer sollen dort hinziehen. Bei der Konstruktion der Gebäude setzen die Architekten nicht nur auf Prunk, sondern auch auf nachhaltige Energiekonzepte. Ob der Plan der Wüstenstadt, der vor allem von Präsident Abdel Fatah El-Sisi angetrieben wird, wirklich aufgeht, sei fraglich, sagt Martin Durm. Schon viele solcher Wüstenstadt-Projekte seien in den Sand gesetzt worden.
Für den ärmeren Teil der Bevölkerung wird in der neuen Stadt vermutlich kein Platz sein, … Sie sei eher wie eine Gated Community und mit besonderen Sicherheitsmaßnahmen entwickelt worden. Ärmeren Ägyptern sei eher die Rolle als Bedienstete zugedacht. Ein autarkes Leben in diesem neuen, für Wohlhabende konzipierten Cairo, würden sie sich nicht leisten können. ‚Die Preise sind enorm hoch. So hoch, dass nur eine auserlesene Schicht von Ägyptern dort leben könnte', …
Unklar sei, ob das Land sich dieses Mega-Projekt überhaupt leisten könne … Viele Subventionen für Lebensmittel, Strom und Gas würden gestrichen. ‚Viele Ägypter sind verarmt', … Das Milliardenprojekt verschärfe die ohnehin große Kluft zwischen Arm und Reich. Gleichzeitig betrachte sich Präsident Sisi quasi als Schutzpatron der Armen. Doch, so der Korrespondent, die Slumviertel von Kairo, ein Leben im Müll und Elend, würden zeigen, dass gerade beim Kampf gegen die Armut in Ägypten dringend Geld benötigt würde."

Bauprojekt Capital Cairo. Ägyptens protzige Mega-Metropole nur für Reiche. Deutschlandfunk Nova vom 09.11.2019, auf https://www.deutschlandfunknova.de, Dez. 2021

37

---

17 Arbeiten Sie wesentliche Merkmale und Ursachen der Metropolisierung heraus.

18 Vergleichen Sie den Metropolisierungsgrad der Länder in Tabelle 34.

19 Erörtern Sie den Aufbau von „neuen Städten in der Wüste" als Lösung für das Problem „Megacity Kairo".

20 Gestalten Sie auf der Grundlage einer Internetrecherche eine Präsentation zu wesentlichen Merkmalen und Herausforderungen der Megacity Istanbul.

6.3 Die orientalische Stadt im Wandel

Masdar City in Abu Dhabi – eine Stadt der Zukunft?

38 Masdar City – Windturm und seine Funktionsweise

Ein Qanat oder Kanat ist eine traditionelle Form der Frischwasserförderung meist in Wüstengebieten, um Trink- und Nutzwasser aus höher gelegenen Regionen zu beziehen. Ein Qanat besteht aus einem Mutterbrunnen, mehreren vertikalen Zugangsschächten und dem Qanat-Kanal.

Konzept der Ökostadt Masdar

„Die Idee der Ökostadt ist den traditionellen arabischen Siedlungen abgeschaut: Wo wenig Sonne eindringen kann, bleibt das Klima erträglich. Die eng gestellte, schattenspendende Bauweise kann vermeiden, was allen modernen Hochbauten in warmen Zonen zum Verhängnis wird: Sie müssen mit riesigem Energieaufwand heruntergekühlt werden … Darüber hinaus soll die bewährte lokale Idee der Kühlung durch Windtürme [Material 38] in modernisierter Form aufleben: Einige große Gebäude werden um riesige Modern Wind Towers herum gruppiert, kombiniert mit allen möglichen ökologischen Energiegewinnungstechniken …

Es ist der erklärte Wille der Masdar-Initiatoren, mit dieser Musterurbanisierung zu demonstrieren, dass dem in den Vereinigten Arabischen Emiraten sehr hohen Energieverbrauch entgegengewirkt werden kann. Masdar City soll durch ein eigenes Solarkraftwerk und einen Kranz von Windkrafträdern [energetisch] weitgehend eigenständig sein …

Im Untergrund von Masdar und zwei weiteren Stadtteilen von Abu Dhabi werden lokal sogenannte Personal-Rapid-Transit-Netze (PRT-Netze) … installiert. Hier handelt es sich um einen elektrisch motorisierten Individualverkehr, bei dem der Nutzer in einer automatisierten Kabine ohne zu warten an sein selbst bestimmtes Ziel gelangt. Seit August 2011 wird mit zehn Kabinen das System unter Masdar City erprobt, allerdings mit nur 2 Stationen … Masdar wird damit weltweit die erste Stadt sein, die ein PRT-Netz für eine autofreie Stadt einsetzt. Auf den (erdgeschossigen) Straßen, dem Podium Level, sind keine Pkw erlaubt. Sie sind nur für Fußgänger und Fahrradfahrer vorgesehen."

Wikipedia: Masdar, auf https://de.wikipedia.org, Dez. 2021

40

Steckbrief
– geplante Ökostadt ca. 30 km östlich von Abu Dhabi
– geschätzte Kosten 22 Mrd. US-$
– Baubeginn 2008
– ausgelegt auf 6 km² für rund 50 000 Ew. und 1 500 Firmen bzw. Institute aus dem Öko-Sektor
– Fertigstellung für 2030 erwartet

39 Masdar City Vision (Flächennutzung im Masterplan)
Nach Masdar City Masterplan, auf http://masdar.ae/assets/downloads/content/2922/masdarcitymasterplan_v13.pdf, Sept. 2017

---

21 Nennen Sie die Zielsetzungen des Masdar-Projektes.

22 Arbeiten Sie aus den Materialien Maßnahmen zur Erreichung der Ziele heraus.

23 Erörtern Sie die Übertragbarkeit des Projektansatzes auf Länder des Globalen Nordens und Südens.

24 Analysieren Sie Medienberichte im Hinblick auf die Frage: Ist das Masdar-Projekt gescheitert?

6.4 Herausforderung: räumliche und soziale Disparitäten

Marginalisierung und Segregation

41 Gecekondu am Rande der Innenstadt von Istanbul

43 Räumliche Verteilung von Gated Communities in Istanbul
Nach https://www.researchgate.net/figure/Distribution-of-gated-communities-in-Istanbul-10-According-to-Baycan-Levent-and_fig1_319234197, Dez. 2021

Legende:
- Vertikale Gated Communities/Gated Apartment Towers
- Horizontale Gated Communities/abgeschlossene Villenviertel
- Horizontale Gated Communities/abgeschlossene Apartmentblock-Viertel
- Gated Towns

Entstehung von Marginalsiedlungen

„In bzw. am Rande zahlreicher Städte entstanden … ungeplante, ungenehmigte und oft sehr marginale Unterkünfte, im Maghreb ‚Bidonvilles' (Kanisterstädte), in der Türkei ‚gecekondu' (‚über Nacht gebaut') genannt, Bezeichnungen, die die Einfachheit und Billigkeit des Baumaterials wie auch die oftmals heimliche Errichtung widerspiegeln. Solche Quartiere beherbergen zu einem hohen Prozentsatz Landflüchtige, aber meist nicht … zum Nulltarif. Zum Teil muss Pacht für den Boden abgeführt werden, z.T. gehören die Behausungen nicht den Bewohnern, sondern wurden von Vorgängern, die eine bessere Wohnung fanden, oder gar von ‚Bauunternehmern' gemietet.
Solche Viertel konnten im Laufe ihres Bestehens oftmals ihre Wohnqualität verbessern, wurden beispielsweise mit Wasseranschluss, Sanitäranlagen, Moscheen, Koranschulen und Märkten ausgestattet, ohne dass sie jedoch ihren Charakter verloren – es sei denn, die Quartiere wurden zwangsgeräumt und abgerissen. Andere erhielten schon sehr schnell eine feste Bausubstanz und lassen sich kaum [noch] als ‚Elendsquartiere' einstufen."

Eckart Ehlers u.a.: Der Islamische Orient. Köln: Diesterweg 1990. S. 324–325

42

Gated Communities als neue Wohnform in den Städten des Orients – Beispiel Istanbul

„Gated Communities sind weltweit vorkommende und stetig beliebter werdende Formen der Wohnanlagen … Es sind bewachte, von Mauern oder Zäunen umschlossene Siedlungen, die nur durch ein Eingangstor zugänglich sind. Diese Siedlungen werden durch private Sicherheitsdienste bewacht und sind mit einer Vielzahl von Sicherheitstechniken ausgerüstet. Gated Communities sind privat entwickelte Siedlungen …
In Istanbul führten Industrialisierung und Zuwanderung dazu, dass sich die Stadt ab den 1980er-Jahren zu einer Metropole … entwickelte … Zugewanderte Einwohner aus Anatolien … siedelten sich an der Peripherie der Stadt, zum Teil in … ‚Gecekondus', oder in der erdbebengefährdeten Altstadt an. Die finanzkräftige Mittelschicht und die Oberschicht hingegen ließen sich bevorzugt entlang der Achse des Bosporus … nieder. Dieser Teil der Stadt gilt als erdbebensicher.
Die heutige Stadtentwicklung ist … durch eine Neuorientierung gekennzeichnet … Durch die Wünsche und Ansprüche der neuen metropolitanen Mittel- und Oberschicht … errichteten private Bauträger und Immobilieninvestmentgesellschaften immer mehr luxuriöse Wohnanlagen nach amerikanischem und europäischem Vorbild, wie auch Shoppingmalls, Freizeitmöglichkeiten, Privatuniversitäten sowie Haushalts- und Sozialdienste, speziell für die Gated Communities …
Die heutige Baustruktur in Istanbul zeigt ein neues Muster, das der heutigen Konsumgesellschaft entspricht: In der Nähe des Zentrums befinden sich die dominierenden [Mietwohnungskomplexe] der Arbeiterklasse, in der historischen Innenstadt die Viertel der Einkommensschwachen und an der Peripherie die Gecekondu-Quartiere, die sehr oft in der Nähe der abgegrenzten Wohnanlagen der Mittel- und Oberschicht liegen."

Anonymus: Entwicklung von Gated Communities. Ursachen und Beweggründe eines neuen Trends in Istanbul. Bachelorarbeit 2014, auf https://www.grin.com/document/307154, Dez. 2021

44

---

25 Erläutern Sie die Prozesse der Marginalisierung und Segregation.

26 Ordnen Sie Foto 41 und Gated Communities in Ihr Stadtmodell (Aufgabe 14, S. 85) ein.

27 Begründen Sie die Verteilung der Gated Communities von Istanbul und die heutige Stadtstruktur dieser Metropole.

6.4 Die orientalische Stadt im Wandel

Rolle der Frau im Wandel

5 GLEICHBERECHTIGUNG DER GESCHLECHTER
– alle Formen der Geschlechterdiskriminierung beenden
– Praktiken wie Kinder-, Früh- und Zwangsheirat beseitigen
– volle und wirksame Teilnahme von Frauen und ihre Chancengleichheit bei der Übernahme von Führungsrollen
– reproduktive Gesundheit

45

Frauenproteste in Tunis 2018 am tunesischen Frauentag gegen die Regierung und für Gleichberechtigung

Frauen in Tunesien
„Schon vor dem arabischen Frühling galten die tunesischen Frauen als unabhängig und emanzipiert. Nachdem sich Tunesien 1956 von der Kolonialmacht Frankreich löste und noch bevor eine eigene Verfassung verabschiedet worden war, setzte der damalige Premierminister Habib Bourguiba den ‚code du statut personel' um. Dieses Gesetz sicherte in vielen Bereichen die Gleichberechtigung von Männern und Frauen. Die Polygamie wurde abgeschafft und Schwangerschaftsabbrüche legalisiert. Frauen erhielten das Recht auf einen eigenen Pass und ein eigenes Bankkonto, und sie konnten auch ein Geschäft eröffnen.
Nach der Revolution 2011 erstarkte die Frauenbewegung weiter, und das obwohl die konservativislamistische Partei Ennadah die Regierung stellte. Die aber verlor 2014 die Wahlen – auch wegen der öffentlichen Debatte um die Frauenrechte.
In der Verfassung von 2014 wurden die Frauenrechte weiter ausgebaut, so wurde die Gleichheit der Geschlechter ohne Diskriminierung verankert. Zudem wurde das Ziel festgeschrieben, im tunesischen Parlament Geschlechterparität zu erreichen – das ist einzigartig im arabischen Raum. Aktuell sind etwa 35 Prozent der Abgeordneten im Parlament weiblich."
Tunesien: Frauen in der Wirtschaft | Wirtschaft | DW | 21.02.2020

46

Frauen in Saudi-Arabien
„Die Vision 2030 ... ist die des Kronprinzen Mohammed Bin Salman ... Aus dem ölabhängigen Rentierstaat mit ultrakonservativen Gesellschaftsregeln und einer unterbeschäftigten Jugend soll ein innovativer Weltmarktplayer mit blühender Privatwirtschaft werden – natürlich immer noch unter der Herrschaft der Al Sauds. Dafür braucht der Kronprinz die Frauen, und deswegen öffnet er ihnen immer mehr Möglichkeiten. Zwar ist das System männlicher Vormundschaft noch nicht völlig abgeschafft, in vielen Bereichen können Frauen aber mittlerweile autonom agieren.
Die Journalistin Somayya Jabarti zählt einige auf: ‚Frauen können ohne Zustimmung reisen, sie können in Hotels oder an Strände gehen, sie können arbeiten und studieren, ihren eigenen Reisepass bekommen, einen Führerschein machen, ohne Zustimmung. Was fehlt, ist das Bewusstsein dafür – und dass Frauen fühlen, dass sie das Recht darauf haben und es ihnen keine Probleme bereiten wird.' ... Somayya Jabarti ... ist seit Kurzem stellvertretende Chefredakteurin bei der englischsprachigen Medienplattform Arab-News ... Im Eingangsbereich der Arab News hängt eine vergrößerte Titelseite vom 24. Juni 2018. ‚Motoren an – Souvenieredition für den Tag, an dem sich die Frauen in Saudi-Arabien ans Steuer setzen.'"
Frauen in Saudi-Arabien – Zwischen Geschlechtertrennung und Welteroberung (Archiv) (deutschlandfunk.de) 07.12.2019

47

Sowohl die Charta der Vereinten Nationen von 1945 als auch die Allgemeine Erklärung der Menschenrechte von 1948 haben die Gleichberechtigung von Mann und Frau festgeschrieben. Die UN-Agenda 2030 hat im **Sustainable Development Goal** 5 die „Geschlechtergerechtigkeit und Selbstbestimmung für alle Frauen und Mädchen" erneut als herausragende Zielsetzung bekräftigt. Dieser Auftrag richtet sich in besonderem Maße an die Gesellschaften im Nahen Osten und in Nordafrika. Hier bestehen im Hinblick auf die Gleichstellung der Frau nach wie vor sehr große Defizite.

Diese Defizite lässt das Weltwirtschaftsforum seit 2006 jährlich wissenschaftlich untersuchen. Das Ergebnis ist der „Global Gender Gap Report". Er analysiert für 156 Länder in den Bereichen Wirtschaft, Bildung, Gesundheit und Politik den Stand der Gleichstellung zwischen den Geschlechtern. Dabei werden die Staaten nach ihrem jeweiligen Rang eingeordnet. Zur Quantifizierung der „Geschlechterlücke" wird zudem aus 14 sozialen Indikatoren für jeden der vier Bereiche ein Indexwert (Score) zwischen Null und Eins errechnet. Der zeigt die Differenz zu vollständiger Gleichheit (Wert 1,0) an.

Tunesien und Saudi-Arabien im Global Gender Gap Report 2021, verglichen mit Deutschland

	Saudi Arabia	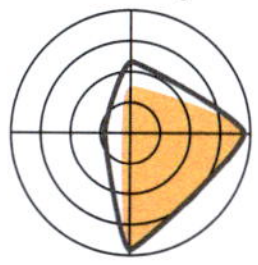	Tunisia		Germany	
	rank	distance to parity	rank	distance to parity	rank	distance to parity
Global Gender Gap Index	147		144		11	
Economic participation and opportunity	149		144		62	
Labour force participation rate, %	147		143		42	
Wage equality for similar work, 1–7 (best)	26		85		97	
Estimated earned income, int'l $1,000	146		142		44	
Professional and technical workers, %	143		108		1	
Educational attainment	97		108		55	
Literacy rate, %	102		126		1	
Enrolment in primary education, %	86		1		1	
Enrolment in secondary education, %	128		1		113	
Enrolment in tertiary education, %	1		1		1	
Health and survival	123		91		75	
Healthy life expectancy, years	131		101		83	
Political empowerment	138		69		10	
Women in parliament, %	105		70		43	
Women in ministerial positions, %	148		57		23	

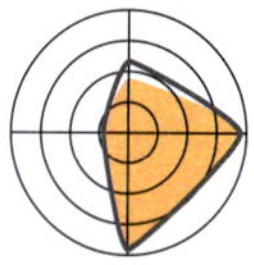

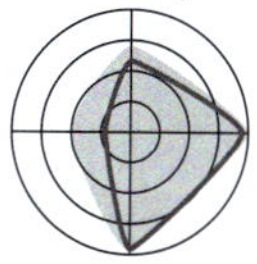

Nach Global Gender Gap Report 2021

48

28 Stellen Sie wesentliche Merkmale der Rolle von Frauen in Tunesien und Saudi-Arabien in einer Tabelle gegenüber.

29 Vergleichen Sie Ihre Ergebnisse mit den Daten im Global Gender Gap Report 2021.

30 Begründen Sie die Einstufung Tunesiens, Saudi-Arabiens und Deutschlands durch den Global Gender Gap Report.

7 Anhang – Kompetenzen vernetzen und überprüfen

Als Vorbereitung auf Ihren weiteren Bildungsweg und auf Ihren beruflichen Werdegang müssen Sie in der gymnasialen Oberstufe einerseits in der Lage sein, den eigenen Lernprozess zu strukturieren, zu verbessern und zu reflektieren. Andererseits wird von Ihnen die Fähigkeit verlangt, das im Unterricht erworbene fachliche Wissen und methodische Können auch nachzuweisen und angemessen darzustellen, z. B. in Klausuren und letztendlich in der Abiturklausur.

Dieses Kapitel bietet Ihnen zunächst einmal eine Zusammenfassung der Gesamtthematik des Themenbandes mit den wichtigsten Fachbegriffen.

Anhand ausgewählter Arbeitsaufträge können Sie dann Ihre erworbenen Kompetenzen überprüfen. Die Lösungen zu diesen Aufgaben finden Sie in den Medien zum Schülerbuch. Sie erhalten dort auch Tipps zur erfolgreichen Bewältigung einer Klausur. Darüber hinaus bietet das Kapitel die Möglichkeit, mithilfe einer Musterklausur zu trainieren. Nützlich dafür ist auch die Übersicht im hinteren Buchdeckel, in der Anforderungsbereiche und Operatoren für Prüfungsaufgaben zusammengestellt sind.

7.1 Kompetenzen vernetzen

1 Nordafrika und Vorderasien – Naturraum – Kulturraum – Wirtschaftsraum

Der nordafrikanisch-vorderasiatische Raum ist in besonderem Maße durch den Islam geprägt. Die Religion bestimmt weitgehend den Alltag der Menschen. Sie stellt im Bewusstsein der Muslime – trotz aller zwischen- oder innerstaatlichen Konflikte – das einigende Band dar und dient der Orientierung sowie Identitätsfindung. Aus ihr leitete sich auch die Rolle der Frau ab. Doch deren Stellung in der Gesellschaft verändert sich in Richtung stärkerer Emanzipation.

Der Islam bestimmt darüber hinaus in wesentlichen Teilen die Struktur und das Erscheinungsbild der traditionellen orientalischen Stadt. Mit einer gewissen Berechtigung kann man also vom „Kulturerdteil" Islamischer Orient sprechen, ist dieser Begriff doch definiert als zusammenhängender Großraum, der hinsichtlich seiner kulturellen Prägung eine gewisse Einheitlichkeit aufweist. Auch in der klimatischen Ausstattung, in den Landschaften, in den Formen der Landwirtschaft und Bewässerung zeigen sich viele Gemeinsamkeiten.

Betrachtet man allerdings die einzelnen Staaten Nordafrikas und Vorderasiens im Hinblick auf Größe, Einwohnerzahl, Verstädterungsgrad, Wirtschaftsstruktur und Wohlstand, zeigen sich große Gegensätze. Die Bergländer und großen Stromtiefländer treten noch immer als stark agrarisch geprägte Räume hervor. In anderen Regionen dagegen bildet die Erdölwirtschaft die Grundlage für eine dynamische Industrialisierung. Besonders auf der arabischen Halbinsel entwickeln sich dadurch die traditionellen Nomadengesellschaften hin zu urbanisierten Gemeinschaften. Die Kleinstaaten der Golfregion sind heute im Grunde genommen Stadtstaaten, wo sich der Großteil der Bevölkerung in der Hauptstadtregion konzentriert.

Alle Länder versuchen, mit gezielten Investitionen die Grundlagen für eine zukunftsorientierte Wirtschaftsentwicklung zu schaffen. Insbesondere die OPEC-Staaten treffen Vorsorge für die „Zeit nach dem Öl". Eine wichtige Rolle spielt dabei der Ausbau des Tourismussektors.

Wichtige Fachbegriffe (im Glossar erklärt)

Agrarreform
Arabischer Frühling
Arbeitsmigranten/Gastarbeiter
Ausländische Direktinvestitionen (ADI)
Bodenbesitzreform
Bruttoinlandsprodukt
demografische Primacy
Disparitäten, räumliche, soziale
fossiles Grundwasser
Fremdlingsfluss
Fruchtbarkeitsrate
funktionale Primacy
Geburtenrate
Grundwasser
Halbnomadismus
Islamischer Tourismus
Landgrabbing
Megastadt
Metropole
Migration
Nachhaltigkeit
Neue Seidenstraße
Oase
Ölkrise
räumliche Disparitäten
Rentenkapitalismus
Smart City
Sustainable Development Goals (SDG)
Subsistenzwirtschaft
Tageszeitenklima
Tourismus
Verstädterungsprozess
Vollnomadismus
Wirtschaftsmigration
Zahlungsbilanz

7.2

Anhang – Kompetenzen vernetzen und überprüfen

TERRA KOMPETENZ

7.2 Kompetenzen überprüfen

Überprüfen Sie – auch als Vorbereitung auf die Klausur – Ihre bei der Bearbeitung dieses Themenbandes erworbenen Kompetenzen. Hierzu finden Sie im Folgenden Aufgaben und Materialien, die ausgewählte Themen und Aspekte der vorangegangenen Kapitel aufgreifen.
Gehen Sie bei deren Bearbeitung wie folgt vor:
1. Erarbeiten Sie zunächst für jede Aufgabe schriftlich Ihre eigene Lösung.
2. Vergleichen Sie diese dann mit den Lösungshinweisen in der Internet-Begleitung zu diesem Band (Material D 32).
3. Bewerten Sie nun Ihre eigene Lösung anhand einer Notenskala von 1 (sehr gut) bis 6 (ungenügend).
4. Überlegen Sie, mit welchen Maßnahmen und Methoden Sie eventuell festgestellte Lücken oder Defizite schließen bzw. beseitigen können.

Räumliche Orientierung

Stumme Karte Nordafrika/Vorderasien zum Ausdrucken als Material D 31

1 Stellen Sie in der Karte folgende Objekte dar:
a) ausgewählte Großlandschaften,
b) drei Regionen mit zwischenstaatlichen Wasserkonflikten,
c) den Lebensraum der Tuareg,
d) die Staaten des „Golfkooperationsrates",
e) den Suezkanal und den Hafen Tanger,
f) die Maghreb-Staaten und die Türkei,
g) ⊞ die Megacitys Kairo, Teheran, Istanbul und Bagdad.

Fachwissen

1 Begründen Sie, warum der Rentenkapitalismus ein Entwicklungshemmnis darstellt.

2 Erklären Sie die Bedeutung des Fremdlingsflusses Nil für Ägypten.

3 Beschreiben Sie die Funktionsweise einer Grundwasseroase.

4 Erläutern Sie die Bedeutung der Erdgasförderung für Algerien.

5 Begründen Sie das Interesse arabischer Staaten am Projekt „Neue Seidenstraße".

6 Stellen Sie die Ziele dar, die mit der Förderung des Tourismus angestrebt werden.

7 ⊞ Erläutern Sie den Begriff „Marginalisierung".

Erkenntnisgewinnung durch Methoden

1 Auswerten von Klimadiagrammen:
a) Analysieren Sie das Klima der Station Tabuk, Saudi-Arabien.
b) Erläutern Sie die Bedeutung des dargestellten Klimas für die Nutzung des Raums durch den Menschen.

2 ⊞ Thematische Karten auswerten:
a) Beschreiben Sie anhand von Karte 3 den Typus der islamisch-orientalischen Stadt.
b) Vergleichen Sie die traditionelle islamisch-orientalische Stadt mit der Altstadt deutscher Städte.
c) Erläutern Sie – ausgehend von Karte 3 – Faktoren, die zu einer Überformung der islamisch-orientalischen Stadt geführt haben.

2 Klimadiagramm Tabuk, Saudi-Arabien
Tabuk (Saudi-Arabien), 768 m
28° 24′ N / 36° 24′ O
21,7 °C, 15 mm
Nach climate-data.org, Dez. 2021

3 Grundriss von Tetuan/Marokko

D 31
Kopiervorlage
Karte zum Ausdrucken

D 32
Kopiervorlage
Lösungshinweise zur Kompetenzüberprüfung

Erkenntnisgewinnung durch Methoden (Fortsetzung)

3 Statistiken auswerten und beurteilen: Analysieren Sie die Tabelle 30 auf S. 49 unter dem Aspekt „soziale Disparitäten".

4 Luftbildauswertung (Foto 14, S. 61):
a) Lokalisieren und beschreiben Sie das Luftbild.
b) Ordnen Sie das Luftbild in die Thematik „Investitionen als Zukunftssicherung" ein.

5 Originalquellen auswerten/Internetrecherche zur Fußballweltmeisterschaft Katar 2022: Gestalten Sie auf der Grundlage einer Internetrecherche eine Wandzeitung zu den naturräumlichen und sozioökonomischen Bedingungen in Katar.

Medienkompetenz und Kommunikation

1 „Wasser in Nordafrika und Vorderasien: eine knappe Ressource als Entwicklungsfaktor" – Erstellen Sie zu dieser Thematik eine Bildfolge.

2 Beschreiben Sie auf einer Wandzeitung die heutige Situation der Qashqai-Nomaden im Iran.

3 Fassen Sie nach Analyse geeigneter Medien die aktuelle Ölpreisentwicklung und ihre Folgen für ex- und importierende Länder in einem Kommentar zusammen.

4 Stellen Sie anhand entsprechender Websites Intention und Bedeutung der RWTH Aachen-Tochter „GUtech" in Oman dar.

5 Erstellen Sie ein Thesenpapier zur künftigen touristischen Bedeutung der Hagia Sophia für den Fremdenverkehr in Istanbul bzw. in der Türkei insgesamt – auch unter dem Aspekt des islamischen Tourismus.

6 Gestalten Sie eine Präsentation zu Veränderungen und aktuellen Problemen der orientalischen Stadt.

Chronik eines Gotteshauses
Die Hagia Sophia in Istanbul wurde im 6. Jh. als christliche byzantinische Kirche erbaut. Sie gilt als bedeutendstes Bauwerk der frühbyzantinischen Architektur und Spätantike. Nach der osmanischen Eroberung 1453 wurde sie in eine Moschee umgewidmet, baulich verändert und mit Minaretten versehen.
1935 wurde das Gotteshaus nach Erlass des damaligen Präsidenten der türkischen Republik, Atatürk, zum Museum erklärt. Sie war danach ein Muss für jeden Istanbul-Touristen. 2019 strömten ca. 3,7 Mio. Besucher in die Hagia Sophia. 2020 wurde vom Obersten Verwaltungsgericht der Türkei – unter dem Einfluss von Präsident Erdoğan – die Umwandlung von 1935 für ungültig erklärt. Seitdem wird die Hagia Sophia wieder als ein muslimisches Gotteshaus genutzt.

4

Beurteilung und Bewertung

1 Beim Einstieg in die Arbeit mit diesem Schülerbuch haben Sie die Vorstellungen beschrieben, die Sie persönlich mit dem Orient verbinden (S. 7, Aufgabe 2a und b). Überprüfen Sie nun nach Durcharbeiten der Kapitel 1–6 ihre Vorstellungen.

2 „Kommt es beim Wasserkonflikt am Nil doch noch zur Kooperation oder sprechen eines Tages die Waffen?" Erörtern Sie diese Frage – auch vor dem Hintergrund aktueller Entwicklungen.

3 „Der Begriff ‚Landgrabbing' ist unnötig polemisch. Es ist sinnvoller, neutral von ‚Landkauf' zu sprechen." Nehmen Sie zu dieser Aussage Stellung.

4 Erörtern Sie, ob es bei der Arbeitsmigration in den Golfstaaten gerechtfertigt ist, von „moderner Sklaverei" zu sprechen.

5 Beurteilen Sie die Zukunftsfähigkeit der Wirtschaftsformen „Nomadismus" und „Oasenwirtschaft".

6 Begründen Sie, ob und ggf. inwiefern die Einnahmen aus dem Tourismus und die damit verbundene wirtschaftliche Entwicklung den möglichen Verlust der kulturellen Identität eines Landes/einer Region rechtfertigen oder nicht.

7 ⊞ „Die Frauen im Orient sind auf dem Weg zur Emanzipation." – Überprüfen Sie diese Aussage.

7.3 TERRA KLAUSURTRAINING

Anhang – Kompetenzen vernetzen und überprüfen

Klausuren zählen zu den wichtigsten Leistungsnachweisen der gymnasialen Oberstufe. In ihrem Aufbau und im Anforderungsniveau unterscheiden sie sich kaum von den Abiturprüfungsaufgaben. Nur ihre Länge und der zu bearbeitende stoffliche Umfang sind geringer. Zur Vorbereitung auf die Abiturprüfung ist es also für Sie wichtig, das Lösen von Klausuraufgaben zu trainieren.

Vor der Bearbeitung des vorliegenden Klausurbeispiels sollten Sie sich zunächst noch einmal anhand des Operatorenkataloges im hinteren inneren Buchdeckel einen Überblick über die Anforderungsbereiche und Operatoren verschaffen. Sie entsprechen in Niveau und Inhalt genau den Vorgaben für die Abiturklausur.

7.3 Klausurbeispiel

Abbau räumlicher Disparitäten mithilfe touristischer Erschließung? – Beispiel Tunesien

1. Lokalisieren Sie die Kleinstadt Zaghouan und beschreiben Sie deren Wirtschaftsstruktur und touristischen Angebote.
2. Erläutern Sie die in Modell 5 dargestellte Entwicklung.
3. „Abbau räumlicher Disparitäten durch Tourismus" – Erörtern Sie für das Beispiel Tunesien die Chancen eines solchen Konzepts.

1 Zaghouan – eine Kleinstadt im Hinterland von Tunis

2 Zaghouan – Stadtplan mit touristischen Angeboten

Oliventourismus

„Ein Drittel des Landes in Tunesien ist mit Olivenhainen bedeckt, und immer mehr tunesische Olivenbauern produzieren hochwertige Olivenöle extra vergine. Dank wachsender internationaler Anerkennung für tunesische Olivenöle wächst das Interesse am Potenzial des Olivenöltourismus in diesem nordafrikanischen Land ..."
[Dazu Leo Siebert, ein internationaler Entwicklungsberater:]
„Aber es schafft auch eine zweite Touristensaison im Winter, während der Olivenernte, wenn Tunesiens traditionelle Strandtouristen alle nach Hause gegangen sind. Damit der Oliventourismus funktioniert, müssen im ländlichen Landesinnern kleine Hotels und Bed & Breakfasts eingerichtet werden. Der Oliventourismus bietet daher eine bedeutende Gelegenheit, das Tourismusangebot ... zu diversifizieren und gleichzeitig den ländlichen Gemeinden eine nachhaltige Entwicklung zu ermöglichen ...'
Im Nordosten Tunesiens, etwas mehr als eine Autostunde südlich der Hauptstadt Tunis, befindet sich die landwirtschaftliche Region Zaghouan, in der seit Tausenden von Jahren Oliven angebaut werden. ... Auf dem 300 Hektar großen Grundstück des Hofes [von Mounir Bousestta] befinden sich nicht nur Olivenbäume, sondern auch antike Ruinen, darunter eine antike Olivenölmühle, die Überreste einer byzantinischen Kirche mit einem Teil ihrer Mosaikböden sowie ein Sarkophag und ein Baptisterium aus der Zeit des 6. Jh. In der Nähe befinden sich ein römischer Wassertempel und Aquädukte ... Die malerische Landschaft ... kombiniert mit historischen römischen Ruinen, endlosen Reihen von Olivenbäumen und einer eigenen Produktionseinheit, machen dieses Hotel zum idealen Ziel für den Olivenöltourismus ..."

Isabel Putinja: Tunesische Produzenten sehen Versprechen im Olivenöltourismus. In: OliveOilTimes vom 26.6.2018

3

D 33
Kopiervorlage
10 Tipps zur Klausur

Räumliche Disparitäten und Tourismus

Wie in nahezu allen Ländern des Globalen Südens sind auch in Tunesien große räumliche Disparitäten zu beobachten. Dabei sticht insbesondere die Dominanz der Metropole Tunis hervor. Diese räumlichen Disparitäten stellen ein gravierendes Entwicklungsproblem dar. Durch die Konzentration aller Aktivitäten auf wenige Zentren oder gar nur auf die Metropole findet meist nur eine punktuelle Entwicklung statt. Für die Hauptstadtregion hat diese Entwicklung aber nicht nur positive Seiten. Hier ballen sich auch die sozialen und ökologischen Probleme. Das Hinterland dagegen, die Peripherie, fällt zurück und wird durch die Land-Stadt-Wanderung ständig weiter ausgehöhlt.

Zum Abbau dieser regionalen Disparitäten bietet sich der Tourismus aufgrund seiner spezifischen Standortansprüche geradezu an. Im Gegensatz zur Industrie oder zum Tertiären Sektor tendiert er nicht nur in die Zentren mit ihrem reichhaltigen kulturellen Angebot, sondern auch zur Peripherie. Die sind für viele Reisende besonders attraktiv. Hier locken ökologisch noch weitgehend intakte, von der Verstädterung oder der Industrie noch nicht überformte Landschaften. Man denke nur an einsame Strände für den Badeurlaub, Hochgebirge für Trekkingtouren oder „undurchdringliche Regenwälder" für den Abenteuer-Touristen.

Aus entwicklungstheoretischer Sicht kann ein touristisches Zentrum die Rolle eines Wachstumspols übernehmen (Grafik 5). Von ihm können vielfältige Impulse auf vor- oder nachgelagerte Wirtschaftsbereiche ausgehen. Auch kann der tourismusbedingte Ausbau der Verkehrsinfrastruktur zur weiteren Erschließung und damit Entwicklung der Peripherregion beitragen.

4

5 Phasenmodell touristischer Erschließung peripherer Räume
Nach Karl Vorlaufer: Tourismus in Entwicklungsländern. Darmstadt: Wissenschaftliche Buchgesellschaft 1996

Wirtschaftliche Bedeutung des tunesischen Tourismus

BIP 2019	38 884 Mrd. US-$
davon Anteil des Tourismus	5 444 Mrd. US-$ = 14 %
Beschäftigte 2019	4 200 000
davon im Tourismus	
direkt	400 000
vor- und nachgelagerte Branchen	760 000

Zusammenstellung Autor: verschiedene Quellen, u.a. CIA World Factbook, 12/2021

Touristenzahl und Tourismuseinnahmen in Tunesien

Daten: https://www.laenderdaten.info/Afrika/Tunesien/tourismus.php, 12/2021, ergänzt

6

7.3 TERRA KLAUSURTRAINING

Anhang – Kompetenzen vernetzen und überprüfen

Grundlagen tunesischer Tourismuspolitik

„Der Entscheid der tunesischen Regierung Mitte der [19]80er-Jahre, Tourismus verstärkt zu fördern, hat zum Ziel, den Infrastrukturausbau in den südtunesischen Oasen voranzutreiben und die lokale Wirtschaft anzukurbeln… Tunesien versucht sein Image als Land für billige Badeferien zu verändern: Zu diesem Zweck werden in den Saharaoasen und an der Nordwest- und an der Ostküste Hotelkomplexe oder Feriendörfer für gehobene Ansprüche gebaut, …"

Monika Jäggi: Tourismus und Ressourcennutzung in der südtunesischen Oase Douz. Bern u.a.: Lang 1994, S. 206

7

Förderung des Individualtourismus

Trabelsi, tunesischer Minister für Tourismus und Handwerk möchte „… die Strukturen für den Individualtourismus stärken. Auf eigene Faust Reisende stellen in der Regel ein zahlungskräftigeres Publikum dar, das den Konsum im Land stärker steigern würde, als es der durchschnittliche Pauschaltourist tut, so das Kalkül. Davon würden Handwerker, Bauern und Gastronomie profitieren, vor allem aber auch die etwas abseits der ausgetretenen Pfade gelegenen Regionen."

Peter Schmitz: Tunesiens Tourismussektor boomt. Branchenbericht Tunesien Tourismus GTAI vom 01.07.2019

8

Ferienanlage Oxala House auf Djerba – Nachhaltigkeit statt Massentourismus
Die Gäste versorgen sich selbst und kommen so in Kontakt zu Gastronomen, Markthändlern und Fischern; in der Anlage lernen sie die Herstellung von Käse, Brot, Marmelade und Olivenöl

Nachhaltigen Tourismus fördern

„Die Tourismusindustrie ist einer der wichtigsten Zweige der tunesischen Wirtschaft und schafft tausende direkte und indirekte Arbeitsplätze … In der Folge des politischen Umbruchs und der angespannten Sicherheitslage durchlief die Branche jedoch herausfordernde Jahre, unter denen die Qualität der touristischen Angebote litt … Mittlerweile erholt sich der Bereich: … 2019 zählte das Land erstmals wieder mehr als neun Millionen internationale Ankünfte. Allerdings konzentriert sich der Tourismus stark auf die Küstengebiete. Wirtschaftlich schwächere Regionen und vor allem die ländliche Bevölkerung profitieren nicht ausreichend vom touristischen Potenzial … Das Projekt unterstützt die Diversifizierung und qualitative Stärkung des tunesischen Tourismusangebotes. Der Fokus liegt auf Kultur- und Naturtourismusprodukten in ausgewählten Regionen. So trägt die Branche zu einer nachhaltigen Stärkung der Wirtschaft und einer Verbesserung der Beschäftigungssituation in Tunesien bei."

Deutsche Gesellschaft für Internationale Zusammenarbeit (GIZ): Förderung des nachhaltigen Tourismus in Tunesien. Bonn und Eschborn, Juni 2021

10

9 Tunesien – bedeutende touristische Destinationen sowie Rangfolge der Regionen nach Wirtschaftsaktivität
Entwurf Autor nach: Rapport sur la Competitivité da la Tunisie. 2ème Edition 2017, S. 50 f.

7.4 Glossar

Das Glossar beinhaltet alle auf S. 93 aufgelisteten wichtigen Begriffe.

A

ADI: → ausländische Direktinvestitionen

Agrarreform: staatliche Maßnahmen zur Veränderung der Agrarstruktur, insbesondere zur Verbesserung der landwirtschaftlichen Produktionsbedingungen und des Lebensstandards der ländlichen Bevölkerung; zu unterscheiden sind Maßnahmen der → Bodenbesitzreform und der Bodenbewirtschaftungsreform, auch als Bodenreform bezeichnet.

„**Arabischer Frühling**": durch die Selbstverbrennung eines jungen Tunesiers im Dezember 2010 ausgelöste Protestbewegung, die sich rasch über viele Länder Nordafrikas und Vorderasiens ausbreitete und mit Demonstrationen, Aufständen, Rebellionen und Bürgerkriegen die autokratischen Regime der Region erschütterte; obwohl die erhoffte Demokratisierung der politischen Systeme und Verbesserungen bei der Durchsetzung von Menschenrechten sich nur in geringem Maße erfüllten, hatte die Bewegung weitreichende politische, geostrategische und wirtschaftliche Folgen.

Arbeitsmigranten: Arbeitnehmer, die zur Aufnahme ihrer beruflichen Tätigkeit saisonal oder auf Dauer das Heimatgebiet verlassen und in ein Gebiet mit einem größeren Arbeitsplatzangebot wandern, wie z. B. aus ärmeren arabischen Staaten in die Golfstaaten; → Gastarbeiter.

Arbeitsmigration: → Wirtschaftsmigration

ausländische Direktinvestitionen (ADI, engl. Foreign Direct Investment, FDI): Kapitalanlagen im Ausland durch Erwerb von Eigentumsrechten, z. B. an Immobilien, Niederlassungen, Geschäftsanteilen, Unternehmen.

B

BIP: → Bruttoinlandsprodukt

Bodenbesitzreform: erste Phase einer → Agrarreform mit dem Ziel einer gerechteren Verteilung des Grundeigentums und einer Verbesserung der Lebensverhältnisse auf dem Land.

Bruttoinlandsprodukt (BIP): Gesamtwert aller produzierten Güter (Waren und Dienstleistungen) innerhalb eines Landes (Gebietes) während eines Zeitraumes (meist eines Jahres), einschließlich der von Ausländern erbrachten Leistungen (Inlandskonzept).

D

demografische Primacy: bezeichnet die Vorrangstellung einer Stadt gegenüber den nächstgrößeren Städten eines Landes, wenn diese sog. Primatstadt die nächstgrößeren Städte bevölkerungsmäßig überragt, vgl. → funktionale Primacy.

Disparitäten: → räumliche Disparitäten bzw. → soziale Disparitäten

F

Fertilitätsrate: → Fruchtbarkeitsrate

fossiles Grundwasser: in früheren, feuchteren Klimaperioden in Gesteinsklüften eingesickertes und gespeichertes Wasser, das seit seiner Entstehung nicht in den derzeitigen atmosphärischen Kreislauf einbezogen wurde; nicht erneuerbares Wasser, das heute mithilfe moderner Techniken genutzt wird.

Fremdlingsfluss: (allochthoner) Fluss, der in einem niederschlagsreichen humiden Gebiet entspringt, aber zumeist zuflusslos durch Trockengebiete (in Flussoasen) dem Meer zufließt (z. B. Nil, Euphrat, Tigris) oder in Endseen oder Wadis versiegt.

Fruchtbarkeitsrate (Fertilitätsrate): Zahl der lebend geborenen Kinder, die eine Frau im gebärfähigen Alter (in der Regel 15 bis 45 Jahre) im Durchschnitt bekommt; vgl. → Geburtenrate.

funktionale Primacy: Vorrangstellung einer Stadt gegenüber den nächstgrößeren Städten eines Landes, wenn die ausgeprägte Dominanz – zusätzlich zum Bevölkerungsübergewicht – in allen Lebensbereichen besteht (hohe Konzentration von politisch-administrativen, wirtschaftlichen, sozialen sowie kulturell-wissenschaftlichen Funktionen und insbesondere auch von Macht- und Entscheidungsträgern); → demografische Primacy.

G

Gastarbeiter: Bezeichnung für ausländische Arbeitnehmer mit einem zeitlich befristeten Arbeitsvertrag; → Arbeitsmigranten.

Geburtenrate (Geburtenziffer): Zahl der Lebendgeborenen pro 1000 Einwohner innerhalb eines bestimmten Zeitraumes, meist eines Jahres für ein bestimmtes Gebiet; vgl. → Fruchtbarkeitsrate.

Grundwasser: unterirdisches Wasser, das die Hohlräume der Erdkruste zusammenhängend ausfüllt; der Gesteinskörper, in dem sich das Grundwasser befindet und fließt, wird als Grundwasserleiter bzw. Aquifer bezeichnet; Grundwasser in tieferen Schichten, das in früheren Klimaperioden entstanden ist, bezeichnet man als → fossiles Grundwasser.

H

Halbnomadismus: Wirtschafts- und Gesellschaftsform, die auf Wanderviehwirtschaft beruht und bei der meist nur die Männer mit den Viehherden wandern, während die Frauen am stationären Wohnplatz zurückbleiben; vgl. → Vollnomadismus.

7.4 Glossar und 7.5 Sachregister

I

Islamischer Tourismus: Form des → Tourismus, bei der die Reisen von Muslimen innerhalb der islamischen Welt unter Einhaltung der muslimischen Kleiderordnung und der Regeln des Koran vor allem dem Besuch von religiösen Stätten und Heiligtümern dienen und den Bedürfnissen der Gläubigen angepasst sind (alkoholfreie Hotels, Koran, Gebetsteppich, halale Speisen); z. B. der Besuch der heiligen Stätten in Saudi-Arabien.

L

Landgrabbing (Landraub): aus dem Engl. stammender Begriff für den großflächigen Erwerb von Boden durch in- oder ausländische Privatpersonen, Konsortien oder sogar Staaten in wirtschaftlich schwachen Staaten; häufig aus spekulativen ökonomischen Überlegungen, oft verbunden mit illegalen Praktiken gegenüber den bisherigen Bodenbesitzern/-nutzern (Bestechung, Erpressung u. a.).

M

Megastadt (Megacity, Primatstadt): Großstadt bzw. → Metropole mit einer Bevölkerung von mehr als 10 Mio. Ew., einer hohen Bevölkerungsdichte (über 2 000 Ew./km²), einer monozentrischen Struktur (im Unterschied zu einer polyzentrischen Agglomeration oder Megalopolis, die aus mehreren Städten besteht), herausragender Bedeutung im Raum, weltweitem Einfluss sowie großer Wirtschaftskraft.

Metropole: Hauptstadt eines Landes oder Millionenstadt mit im nationalen Maßstab herausragenden politischen, wirtschaftlichen, kulturellen und gesellschaftlichen Funktionen.

Migration (Wanderung): Teilprozess der Mobilität, nach der amtlichen deutschen Statistik jeder Wechsel des Wohnsitzes, bei dem die Gemeindegrenze überschritten wird; zu unterscheiden sind Binnenwanderung (Wohnsitzwechsel innerhalb eines Landes) und Außenwanderung (Wohnsitzwechsel über die Staatsgrenze hinweg); i. w. S. Wanderbewegungen größerer Bevölkerungsgruppen, ausgelöst z. B. durch Krieg und existenzielle Not.

N

nachhaltige Entwicklungsziele: → Sustainable Development Goals

Nachhaltigkeit: Prinzip der Nutzung und Entwicklung, mit dem die Lebenschancen der heutigen Generation verbessert werden sollen, ohne die Chancen für zukünftige Generationen einzuschränken; beinhaltet die Berücksichtigung wirtschaftlicher, sozialer und ökologischer Aspekte für ein qualitatives Wirtschaftswachstum; Nachhaltigkeit setzt umweltverträgliches Handeln voraus; ökologisches Gleichgewicht kann jedoch nur erreicht werden, wenn gleichrangig und parallel dazu ökonomische Sicherheit und soziale Gerechtigkeit angestrebt werden.

Neue Seidenstraße: Begriff für seit 2013 in Angriff genommene Projekte zum Auf- und Ausbau interkontinentaler Handels- und Infrastrukturnetze zwischen der Volksrepublik China und über 100 weiteren Ländern Afrikas, Asiens und Europas; sie beinhalten sechs internationale Wirtschaftskorridore von jeweils mehreren Tausend Kilometern auf dem Land und die maritime Seidenstraße mit einer Vielzahl von Investitionen in Straßen, Häfen, Pipelines, Industrieparks, Eisenbahn sowie Energie und Telekommunikation; in Anlehnung an die historische Seidenstraße, einem Netz von Karawanenstraßen, welches Ostasien mit der Mittelmeerregion verband, den Austausch von Gütern, Ideen, Religionen und Kulturen ermöglichte und den wichtigsten Handelsweg Chinas darstellte.

O

Oase: vegetationsbestandenes begrenztes Gebiet in der Wüste, üblicherweise an einer Quelle, Wasserstelle oder in einem Wadi gelegen; die traditionelle Wirtschaftsform ist die Oasenwirtschaft, bei der verschiedene Kulturen im Bewässerungsfeldbau kombiniert werden.

Ökostadt: → Smart City

„Ölkrise": allgemein Phase stark steigender Ölpreise infolge eines höheren Bedarfes gegenüber einem geringeren Angebot mit gravierenden gesamtwirtschaftlichen Auswirkungen; i. e. S. nur die Ölpreiserhöhungen der Jahre 1974 und 1979/1980, da sie schwere Rezessionen in den Industrieländern auslösten.

P

Primatstadt: → Megastadt

R

räumliche Disparitäten (regionale Disparitäten): regionale Ungleichheiten (Entwicklungsunterschiede) zwischen Ländern bzw. Regionen eines Landes, die sich vor allem in unterschiedlichen Lebensbedingungen bzw. -chancen und wirtschaftlichen Entwicklungsmöglichkeiten äußern; vgl. → soziale Disparitäten.

Rentenkapitalismus: Wirtschaftssystem, das besonders im Orient verbreitet ist; die Eigentümer der Produktionsmittel, meist große Landbesitzer, die aber in Städten leben, schöpfen die Ertragsanteile (Renten) aus der Landwirtschaft ab, ohne die Gewinne zur Erhöhung oder Erhaltung der Produktion zu reinvestieren.

S

SDG: → Sustainable Development Goals

Selbstversorgungswirtschaft: → Subsistenzwirtschaft

Smart City (Ökostadt): zusammenfassender Begriff für umfassende, nachhaltige Entwicklungskonzepte von Städten, die durch technologische, wirtschaftliche und gesellschaftliche Innovationen und Investitionen energieeffizienter, ökologisch intakter und sozial inklusiver gestaltet werden sollen; dabei spielt die Nutzung digitaler Technologien auf der Grundlage einer informationstechnologischen Vernetzung aller Akteure und der Infrastruktur eine große Rolle.

soziale Disparitäten: Ungleichheiten bzw. Entwicklungsunterschiede zwischen einzelnen Bevölkerungsgruppen, die sich vor allem in unterschiedlichen Lebensbedingungen und -chancen sowie wirtschaftlichen Entwicklungsmöglichkeiten äußern; vgl. → räumliche Disparitäten.

Subsistenzwirtschaft (Selbstversorgungswirtschaft): durch niedriges Entwicklungsniveau der Produktionstechnik und geringe Arbeitsteilung gekennzeichnete agrarische Wirtschaftsweise, bei der alle zum Leben benötigten Güter im eigenen landwirtschaftlichen Betrieb erzeugt werden ohne Teilnahme am Marktgeschehen und mit nur geringem Tauschhandel; Subsistenzwirtschaft ist vor allem in Entwicklungsländern verbreitet.

Sustainable Development Goals (SDG, nachhaltige Entwicklungsziele): Ziele einer nachhaltigen Entwicklung, die den Kern der Agenda 2030 bilden und die Entwicklungsdimensionen der Weltgesellschaft bis zum Jahr 2030 beschreiben, sie werden durch insgesamt 169 „Targets" konkretisiert.

T

Tageszeitenklima: Von einem Tageszeitenklima spricht man, wenn die täglichen Temperaturschwankungen größer sind als die Unterschiede im jährlichen Verlauf; trifft auf die inneren Tropen zu; Gegenteil: Jahreszeitenklima.

Tourismus (früher Fremdenverkehr): seit den 1980er-Jahren gebräuchlicher Überbegriff für den Wirtschaftszweig des Reisens, der Reisebranche, des Gastgewerbes und der Freizeitwirtschaft; dient zum Kennenlernen fremder Orte und Länder, zur Erholung sowie zum Vergnügen; schließt verschiedene Reisearten und -formen ein.

V

Verstädterungsprozess (auch Urbanisierungsprozess): Zunahme an städtischer Bevölkerung, aber auch die Zunahme der Zahl der städtischen Siedlungen und deren Bevölkerungswachstum.

Vollnomadismus: Wirtschafts- und Gesellschaftsform, die auf Wanderviehwirtschaft beruht und die durch das saisonal-zyklische Wandern ganzer Stämme und Familien entsprechend dem Futterangebot für die Viehherden gekennzeichnet ist; vgl. → Halbnomadismus.

W

Wanderung: → Migration

Wirtschaftsmigration (Arbeitsmigration): Wanderungsbewegungen von Menschen bzw. Menschengruppen (Arbeitskräften) zwischen Ländern oder Regionen, die mit einem längeren oder dauernden Wechsel des Wohnsitzes verbunden sind, zum Zweck der Erwerbstätigkeit und mit dem Ziel der Verbesserung ihrer wirtschaftlichen Lage; meist von industriell wenig in besser entwickelte Länder oder Regionen mit großem Arbeitskräftebedarf; → Migration.

Z

Zahlungsbilanz: zusammengefasste Gegenüberstellung der Werte aller finanziellen Transaktionen zwischen Inländern und Ausländern während eines bestimmten Zeitraumes.

(G) kennzeichnet die im Glossar definierten Begriffe.

ADI → ausländische Direktinvestitionen
Agenda 2030   22, 24, 39, 91
Agrarreform/Bodenbesitz-
reform (G)   11, 26
Agrobusiness   11, 34, 39
Altersstruktur   80 f.
Arabischer Frühling (G)   8 f., 11, 66, 68, 80, 90
Arbeitsmigranten/Gastarbeiter (G)   46, 49, 52 f., 74

Arbeitsmigration → Wirtschaftsmigration
Atatürk, Mustafa Kemal   84, 87, 95
ausländische Direktinvestitionen/
    ADI (G)   56 f.

Basar → Souk
Bewässerung   14 f., 17, 21, 24, 26, 34 f., 38, 93
Bildung   17, 47, 50 f., 59, 63 f., 81, 91
Biolandbau   26, 39
BIP → Bruttoinlandsprodukt
Bodenbesitzreform (G) → Agrarreform
Bodenversalzung   34 f.

Bruttoinlandsprodukt/BIP (G)   46 ff., 50 ff., 55, 58, 61, 64, 70 ff., 74, 97

Corona   43, 49, 53, 61, 66, 68, 70, 72

demografische Primacy (G)   86
Disparitäten → räumliche Disparitäten
    bzw. → soziale Disparitäten

Economic Cities   47, 56
Education City Katar   64
Entlastungsstadt   87
Erdgas   11, 33, 40 ff., 56, 65

7.5 Sachregister und Nachweise

Erdöl 6, 11, 33, 40 ff., 56, 64, 72 f., 93
erneuerbare Energien 39, 62 f.
Eventtourismus 67, 72, 74
Export 11, 41, 44 ff., 50, 54, 58, 60, 64, 67

Fertilitätsrate → Fruchtbarkeitsrate
Flughafen Al Maktoum International Airport/DWC 61
Flusssysteme 13, 15
fossiles Grundwasser (G) 32, 35, 38
Fremdlingsfluss (G) 28, 94
Fruchtbarer Halbmond 6, 15, 84
Fruchtbarkeitsrate/Fertilitätsrate (G) 81
funktionale Primacy (G) 86

Gastarbeiter → Arbeitsmigranten
Gated Communities 79, 87, 89
Geburtenrate/Geburtenziffer (G) 81
Global Gender Gap Report 91
Globalisierung 57, 76, 84 f., 93
Grundwasser (G) 14, 20, 32, 35, 38

Hafen Tanger Med 60
Halbnomadismus (G) 30, 32, 93
Hochgebirge 29, 97

Import 17, 34, 38, 41, 45, 47 f., 50, 52, 55, 58, 95, 97
Individualtourismus 98
Internationale Wasserkonvention 22
Iran-Sanktionen 20, 54 f.
Islam 6 f., 46, 48, 77, 84, 93
Islamischer Tourismus (G) 66 f., 95

Kolonialisierung 16, 31, 84 f., 90

Landflucht 76, 80, 82 f.
Landgrabbing/Landraub (G) 26, 36 f., 95
Landnutzung 15, 26, 29
Land-Stadt-Wanderung 82, 97
Louvre Abu Dhabi 73

Marginalisierung/Marginalsiedlungen 85, 89, 94
Masdar City 88
Meerwasserentsalzung 15, 25, 38
Megastadt/Megacity/Primatstadt (G) 83, 86 f., 93
Metropole (G) 78, 82, 86 f., 89, 97
Migration (G) 14, 40, 52 f.

nachhaltige Entwicklungsziele → Sustainable Development Goals
nachhaltiger Tourismus 51, 75, 98
Nachhaltigkeit (G) 12, 16, 22, 24 ff., 30, 33, 36 ff., 41, 51 f., 63, 71 f., 75, 87, 93, 96, 98
Naher Osten 6, 12 ff., 29, 38, 41, 44, 61, 72, 85, 91
Neue Seidenstraße (G) 58 f., 65, 94
New Administrative Capital 87

Oase (G) 6 f., 16, 18, 26, 28 ff., 32 f., 69, 75 f., 79, 93 f., 98
Ökostadt → Smart City
Oliventourismus 96
Ölkrise (G) 42 f.
Öltransporte 44, 54
OPEC/OPEC+ (Organization of the Petroleum Exporting Countries) 42 f., 45, 93
Orient 6 ff., 10, 66, 77, 84, 93, 95
orientalische Stadt 76 ff., 93 f.

Primatstadt → Megastadt
Projekt Reggane Nord 45

räumliche/regionale Disparitäten (G) 18, 47, 67, 76, 89, 96 f.
Rentenkapitalismus (G) 7, 10 f., 26, 53, 77, 86, 93 f.
Rentenstaatstheorie 11
Rolle der Frauen 6, 30, 46, 51, 64, 77, 79, 81, 90 f., 95
Rücküberweisungen/Remittances 52

SDG → Sustainable Development Goals
Segregation 85, 89
Selbstversorgungswirtschaft → Subsistenzwirtschaft
Smart City/Ökostadt (G) 88
Souk/Basar 77, 79, 94
soziale Disparitäten (G) 76, 89, 95
Strahlungshaushalt 27
Südostanatolienprojekt (GAP) 23
Subsistenzwirtschaft/Selbstversorgungswirtschaft (G) 17, 32 f.
Sustainable Development Goals/ SDG (G) 22, 24, 39, 91

Tageszeitenklima (G) 27
TEDA-Egypt-Projekt 56, 58 f.
thematische Karten 18 f., 94
Tourismus (G) 33, 48 ff., 66 ff., 93, 95 ff.
Tuareg 31, 94

Verstädterungsprozess/Urbanisierungsprozess (G) 82 f., 86, 93, 97
Verwestlichung 84 f., 93
Vollnomadismus (G) 30
Vorderasien 6, 14 f., 24, 26 f., 35 f., 38 ff., 56 ff., 62, 66 f., 76, 78, 80 ff., 84, 86 f., 93 ff.
Vorderer Orient 6, 44

Wasserfußabdruck 35
Wasserkonflikte 12 f., 15 ff., 20, 22 f.
Wassermangel 7, 14, 20, 23, 38, 79
Wassernutzung 16, 20 ff., 24
Wasserverteilung 12, 15
Weltgipfel „Rio plus 10" 22
Windpark 37, 63
Wirtschaftsmigration/Arbeitsmigration (G) 52 f., 83, 94
Wüste 6, 15, 17, 24, 26, 30 f., 34, 44 f., 72, 75, 87

Zahlungsbilanz (G) 52, 67, 70

Bilder
Cover imago images, Berlin (Roscosmos Press Office/TASS); 4.1 ShutterStock.com RF, New York (Sebastian Castelier); 4.2 Mauritius Images, Mittenwald (Heinz Tschanz-Hofmann); 4.3 © picture alliance/dpa/Saudi Aramco; 5.5 Mauritius Images, Mittenwald (Alamy/Jack Maguire); 5.6 Getty Images Plus, München (ugurhan); 10.6 Interfoto, München (Danita Delimont); 12.1 ShutterStock.com RF, New York (Sebastian Castelier); 15.6 imago images, Berlin (Frank Sorge); 15.6 Picture-Alliance, Frankfurt/M. (Eissa Alragehi/Reuters); 16.9 Picture-Alliance, Frankfurt/M. (Yirga Mengistu); 21.17 Alamy stock photo, Abingdon (Tolga Subaşı); 24.24 Getty Images, München (Corbis Documentary/Richard T. Nowitz); 24.26 Michael Stang/sterneins medienbüros, Köln; 26.1 Mauritius Images, Mittenwald (Heinz Tschanz-Hofmann); 28.6 Getty Images Plus, München (Dattenfeld); 29.9 Alamy stock photo, Abingdon (Benoit Cappronnier); 30.11 Picture-Alliance, Frankfurt/M. (EPA/ABEDIN TAHERKENAREH); 31.14 akg-images, Berlin (Guenay Ulutuncok); 32.16 ShutterStock.com RF, New York (Igor Grochev); 32.18 ullstein bild, Berlin (IBERFOTO); 33.21 Getty Images Plus, München (iStock/Oleh_Slobodeniuk); 33.22 https://creativecommons.org/licenses/by-sa/4.0/deed.de, Mountain View (AchMdrd); CC-BY-SA-4.0 Lizenzbestimmungen: https://creativecommons.org/licenses/by-sa/4.0/legalcode, siehe *3; 34.23 NASA Earth Observatory image created by Robert Simmon and Jesse Allen, using Landsat data provided by the USGS.; 34.23 NASA Earth Observatory image created by Robert Simmon and Jesse Allen, using Landsat data provided by the USGS.; 35.27 Getty Images, München (Yves Gellie/Gamma-Rapho); 36.30 Alamy stock photo, Abingdon (Joerg Boethling); 39.41 Forest Finance Service GmbH, Bonn; 39.42 Forest Finance Service GmbH, Bonn; 39.44 Mauritius Images, Mittenwald (Pitopia); 40.1 © picture alliance/dpa/Saudi Aramco; 47.20 Picture-Alliance, Frankfurt/M. (Peter Kneffel); 51.37 stock.adobe.com, Dublin (dudlajzov); 51.38 ShutterStock.com RF, New York (C.Engineer); 53.44 Picture Press, Hamburg (Harald Schmitt/Stern); 54.45 Picture-Alliance, Frankfurt/M. (EPA-EFE/Stringer); 56.1 imago images, Berlin (Xinhua/Wu Lu); 61.14 Google Earth, Images@2022 Maxar Technologies; 62.20 Picture-Alliance, Frankfurt/M. (AP Photo/bdeljalil Bounhar); 64.23 ShutterStock.com RF, New York (Hugo Miguel Agostinho); 65.27 Alamy stock photo, Abingdon (Theodore Kaye); 66.1 Mauritius Images, Mittenwald (Alamy/Jack Maguire); 72.18 li. stock.adobe.com, Dublin (Travel Nerd); 72.18 re. stock.adobe.com, Dublin (ingusk); 73.22 Alamy stock photo, Abingdon (Fahd Khan); 74.25 Alamy stock photo, Abingdon (Sanjay JS); 75.29 li. Getty Images Plus, München

Nachweise

(tropicalpixsingapore); **75.29 re.** Getty Images Plus, München (GavinD); **76.1** Getty Images Plus, München (ugurhan); **78.5 mi.** Getty Images Plus, München (atosan); **78.5 o.** Getty Images Plus, München (Lingbeek); **78.5 u.** Picture-Alliance, Frankfurt/M. (Fatemeh Bahrami/Anadolu Agency); **80.11** Mauritius Images, Mittenwald (Saba Taherian/UPI/Alamy); **80.12** Getty Images, München (Fethi Belaid/AFP); **82.19** Getty Images Plus, München (Dark_Eni); **83.23** Alamy stock photo, Abingdon (Rawdon Wyatt); **84.25** akg-images, Berlin; **84.26** Alamy stock photo, Abingdon (david pearson); **85.29** Alamy stock photo, Abingdon (Stefano Politi Markovina); **86.32** Getty Images, München (AFP/ Khaled Desouki); **87.36** imago images, Berlin (Wang Dongzhen/Xinhua); **88.38** Alamy stock photo, Abingdon (Manoj Attingal); **89.41** Alamy stock photo, Abingdon (Hackenberg-Photo-Cologne); **90.46** Picture-Alliance, Frankfurt/M. (Nicolas Fauque/Images de Tunisie/abaca); **92** stock.adobe.com, Dublin (Syda Productions); **95.4** Getty Images Plus, München (Ozbalci); **96.1** stock.adobe.com, Dublin (Przemyslaw Moranski); **98.10** Mauritius Images, Mittenwald (Photononstop)

Karten und Grafiken

4 Ernst Klett Verlag GmbH, Stuttgart; **6.1** Ernst Klett Verlag GmbH, Stuttgart; **8.2** Ernst Klett Verlag GmbH, Stuttgart; **10.4** Jäckel, Diana, Erfurt; **11.7** Jäckel, Diana, Erfurt, nach https://scilogs.spektrum.de/natur-des-glaubens/warum-blut-oel-die-rentierstaatstheorie; **13.2** Ernst Klett Verlag GmbH, Stuttgart; **14.3** Ernst Klett Verlag GmbH, Stuttgart; **19.12** Ernst Klett Verlag GmbH, Stuttgart; **20.13** Ernst Klett Verlag GmbH, Stuttgart; **22.19** Jäckel, Diana, Erfurt; **23.21** Ernst Klett Verlag GmbH, Stuttgart; **24.25** Schaar, Wolfgang, Grafing; **25.28** Eckenfelder, Bettina, Eisenach, nach Bilfinger Magazin; **25.29** Nach S. Lattemann: Meerwasserentsalzung. In: Warnsignal Klima – Genug Wasser für alle? Hamburg: Universität 2005, S.456; **27.2** Ernst Klett Verlag GmbH, Stuttgart; **27.3** Jäckel, Diana, Erfurt; **27.3** Jäckel, Diana, Erfurt; **27.3** Jäckel, Diana, Erfurt; **27.23** Jäckel, Diana, Erfurt; **28.5** Jäckel, Diana, Erfurt; **29.7** Ernst Klett Verlag GmbH, Stuttgart; **30.12** Schaar, Wolfgang, Grafing; **31.13** Ernst Klett Verlag GmbH, Stuttgart; **32.17** Schaar, Wolfgang, Grafing; **33.19** Ernst Klett Verlag GmbH, Stuttgart; **34.22** Schaar, Wolfgang, Grafing; **34.23** Ernst Klett Verlag GmbH, Stuttgart; **34.23** Ernst Klett Verlag GmbH, Stuttgart; **34.23** Schaar, Wolfgang, Grafing; **34.24** Jäckel, Diana, Erfurt; **34.25** Jäckel, Diana, Erfurt, nach FAO, http://faostat.fao.org, aktualisiert, Dez. 2021; **35.26** Ernst Klett Verlag GmbH, Stuttgart; **35.29** Jäckel, Diana, Erfurt; **36.31** Schaar, Wolfgang, Grafing; **36.33** Schwarwel, Leipzig; **37.34** Ernst Klett Verlag GmbH, Stuttgart; **37.36** Jäckel, Diana, Erfurt; **38.37** Jäckel, Diana, Erfurt, nach Ministry of Environment, Water and Agriculture [Saudi-Arabiens] (MEWA), Dez. 2021; **38.38** Schaar, Wolfgang, Grafing; **38.39** Ernst Klett Verlag GmbH, Stuttgart; **39.u.l.** United Nations Publications, New York; **39.u.l.** United Nations Publications, New York; **41.3** Ernst Klett Verlag GmbH, Stuttgart; **41.3 ru** Ernst Klett Verlag GmbH, Stuttgart; **42.4** Eckenfelder, Bettina, Eisenach, nach www.tecson.de/historische-oelpreise.html, Dez. 2021; **42** nach Hilmar Rempel, BGR: Die Verfügbarkeit von fossilen Energierohstoffen.; **42** nach Reserven, Ressourcen und Verfügbarkeit von Energierohstoffen 2006, Jahresbericht 2006, Kurzfassung. Hannover, Bundesanstalt für Geowissenschaften und Rohstoffe; **43.7** Nach Bundesanstalt für Geowissenschaften und Rohstoffe. Unter https://www.bgr.bund.de/DE/Themen/Energie/Erdoel/erdoel_node.html (Zugriff 28.03.2022) und unter https://www.bgr.bund.de/DE/Themen/Energie/Erdgas/erdgas_node.html (Zugriff 28.03.2022); **44.10** Ernst Klett Verlag GmbH, Stuttgart; **44** Quelle: Deutsche BP; **45.13** Jäckel, Diana, Erfurt nach https://de.statista.com/statistik/daten/studie/40786/umfrage/algerien---erdgasproduktion-in-milliarden-kubikmeter, Dez. 2021; **45.14** Ernst Klett Verlag GmbH, Stuttgart; **46.o.l.** Schaar, Wolfgang, Grafing; **47.18** Jäckel, Diana, Erfurt, nach GTAI: Saudi-Arabien Wirtschaftsdaten kompakt, Mai 2021; **48.24** Ernst Klett Verlag GmbH, Stuttgart; **48.27** Jäckel, Diana, Erfurt, nach GTAI: VAE Wirtschaftsdaten kompakt, Mai 2021; **48** Ernst Klett Verlag GmbH, Stuttgart; **50.35** Jäckel, Diana, Erfurt, nach GTAI: Oman Wirtschaftsdaten kompakt, Mai 2021; **50** Ernst Klett Verlag GmbH, Stuttgart; **52.40** Ernst Klett Verlag GmbH, Stuttgart; **55.48** Jäckel, Diana, Erfurt, nach Bijan Khajehpour: In der Coronakrise sind die Sanktionen eine Katastrophe für Iran, Bundeszentrale für politische Bildung, Bonn, vom 25.3.2020; **57.2** Jäckel, Diana, Erfurt, nach World Bank, https://data.worldbank.org, Dez. 2021; **57.2** Jäckel, Diana, Erfurt, nach World Bank, https://data.worldbank.org, Dez. 2021; **57.3** Jäckel, Diana, Erfurt, nach World Bank, https://data.worldbank.org, Dez. 2021; **57.3** Jäckel, Diana, Erfurt, nach https://data.worldbank.org, Dez. 2021; **58.4** Jäckel, Diana, Erfurt, Datenquelle: IMF u. a.; **58.6** Ernst Klett Verlag GmbH, Stuttgart; **59.8** Ernst Klett Verlag GmbH, Stuttgart; **60.10** Schaar, Wolfgang, Grafing, nach www.researchgate.net/figure/The-structure-of-Tangier-Med-port-Furthermore-the-commitment-of-a-large-mass-of-labor_fig1_330983338, Dez. 2021; **62.16** Klett-Archiv, Stuttgart, nach DIHK in Marokko: Zielmarktanalyse Marokko mit Profilen der Marktakteure Bioenergie: Biomasse zur Wärme- und Elektrizitätserzeugung, Casablanca 2013, S. 42; **62.18** Klett-Archiv, Stuttgart, nach DIHK in Marokko: Zielmarktanalyse Marokko mit Profilen der Marktakteure Bioenergie: Biomasse zur Wärme- und Elektrizitätserzeugung, Casablanca 2013, S. 46; **62.19** Jäckel, Diana, Erfurt, nach Deutsche Industrie- und Handelskammer (DIHK) in Marokko: Zielmarktanalyse Marokko mit Profilen der Marktakteure Bioenergie: Biomasse zur Wärme- und Elektrizitätserzeugung, Casablanca 2013, S. 42; **63.22** Klett-Archiv, Stuttgart, nach DIHK in Marokko: Zielmarktanalyse Marokko mit Profilen der Marktakteure Bioenergie: Biomasse zur Wärme- und Elektrizitätserzeugung, Casablanca 2013, S. 44; **65.28** Ernst Klett Verlag GmbH, Stuttgart; **67.2** Ernst Klett Verlag GmbH, Stuttgart; **68.3** Ernst Klett Verlag GmbH, Stuttgart; **69.6** Jäckel, Diana, Erfurt nach https://www.laenderdaten.info/Afrika/Aegypten/tourismus.php, Dez. 2021; **70.9** https://creativecommons.org/licenses/by-sa/4.0/deed.de, Mountain View (Peter Fitzgerald); CC-BY-SA-4.0 Lizenzbestimmungen: https://creativecommons.org/licenses/by-sa/4.0/legalcode, siehe *3; **70.10** Jäckel, Diana, Erfurt nach nach https://www.laenderdaten.info/Asien/Tuerkei/tourismus.php, Dez. 2021; **70.11** Jäckel, Diana, Erfurt nach Lena Graefe: Beitrag der türkischen Tourismusbranche zum Bruttoinlandsprodukt bis 2028. Statista v. 16.10.2019, unter: https://de.statista.com, Dez. 2021; **73.24** Ernst Klett Verlag GmbH, Stuttgart; **74.28** Jäckel, Diana, Erfurt nach https://www.laenderdaten.info/Asien/Katar/tourismus.php, Dez. 2021; **75.31** Jäckel, Diana, Erfurt nach https://www.laenderdaten.info/Asien/Oman/tourismus.php, Dez. 2021; **75.32** Jäckel, Diana, Erfurt; **77.3** Ernst Klett Verlag GmbH, Stuttgart; **78.4** Nach Martin Seeger: Teheran. Eine stadtgeographische Studie. Wien/New York: Springer 1978; **79.6** Jäckel, Diana, Erfurt, nach World Population Review: Tehran/Mashhad Population 2021, auf worldpopulationreview.com, Dez. 2021; **81.16** Jäckel, Diana, Erfurt, nach PopulationPyramid.net, Dez. 2021; **81.16** Jäckel, Diana, Erfurt, nach PopulationPyramid.net, Dez. 2021; **82.17** Jäckel, Diana, Erfurt; **83.22** Ernst Klett Verlag GmbH, Stuttgart; **84.24** Ernst Klett Verlag GmbH, Stuttgart; **88.38** Eckenfelder, Bettina, Eisenach, nach https://de.wikipedia.org/wiki/Badgir; **88.39 li.** Schaar, Wolfgang, Grafing; **88.39 re.** Klett-Archiv, Stuttgart, nach https://masdar.ae/en/masdar-city/the-city/sustainability (Zugriff 07.12.2017); **89.43** Schaar, Wolfgang, Grafing nach Ahmet Gün: USING IMITATION AS A DESIGN PARAMETER IN GATED COMMUNITIES: THE CASE OF ISTANBUL. Istanbul Technical University April 2017; Fig 1 aus: Baycan-Levent T. & Gülümser, A. A. (2007). Gated Communities in Istanbul:The New Walls of the City, Third Conference "Diversity in cities: Visible and invisible walls", 11-12 September 2007, UCL, London, UK. Contact person: Valeria Papponetti, http://www.susdiv.org/uploadfiles/ed2007-051.pdf, accessed date: 10.05.2015; **90** United Nations Publications, New York; **91.48** Jäckel, Diana, Erfurt, nach Global Gender Gap Report 2021; **93.1** Jäckel, Diana, Erfurt; **94.2** Jäckel, Diana, Erfurt; **94.3** Ernst Klett Verlag GmbH, Stuttgart; **96.2** Ernst Klett Verlag GmbH, Stuttgart; **97.5** Schaar, Wolfgang, Gräfing nach Nach Karl Vorlaufer: Tourismus in Entwicklungsländern. Möglichkeiten und Grenzen einer nachhaltigen Entwicklung durch Fremdenverkehr. Wissenschaftliche Buchgesellschaft, Darmstadt 1996, S. 125; **97.6** Jäckel, Diana, Erfurt nach https://www.laenderdaten.info/Afrika/Aegypten/tourismus.php, 12/2021. Datenquelle: World Tourism Organization; **98.9** ; Ernst Klett Verlag GmbH, Stuttgart (Archiv Geografie);

Texte

9.3 Johannes Schmitt-Tegge, Ramadan Al-Fatash, Tarak Guizani (dpa): Ein Gemüsehändler zündet sich an: Zehn Jahre Arabische Aufstände, dpa-Meldung v. 16.12.2020; **10.5** Horst Mensching, Eugen Wirth: Nordafrika und Vorderasien. Fischer-Länderkunde, Bd. 4. Fischer TB Frankfurt/M. 1975, S. 44; **11.9** Hans Gebhardt: Rentierstaaten und politische Systeme in öl- und gasproduzierenden Ländern. In: Geographie. Physische Geographie und Humangeographie. Hrsg. v. Hans Gebhardt, Rüdiger Glaser, Ulrich Radtke, Paul Reuber u. Andreas Vött. Springer Berlin 2020, S. 1219; **14.4** Nadja Podbregar: 17 Länder stehen kurz vor dem „Day Zero". Wasserrisiko-Atlas zeigt Hotspots des Wassermangels. (12.08.2019) Unter: www.scinexx.de/news/geowissen/17-laender-stehen-kurz-vor-dem-day-zero/ (Zugriff 13.04.2022, gek.); **15.5** The CIA World Factbook 2020-2021. Unter: www.cia.gov/the-world-factbook/; DSW-DATENREPORT 2021. Soziale und demografische Daten weltweit. Unter: www.dsw.org/wp-content/uploads/2021/10/DSW-Datenreport_2021_web.pdf (Zugriff 13.04.2022, bearb.); **15.7** Detlef Müller-Mahn: Wasserkonflikte im Nahen Osten – eine Machtfrage. In: Geographische Rundschau, 58/2006, Heft 2, S. 40f.; **16.10** Wasser wird zum Regionalkonflikt in Nordafrika – Wem gehört der Nil?. MENA Reseach and Study Center v. 27.07.2021, unter: mena-studies.org/de/wasser-wird-zum-regionalkonflikt-in-nordafrika-wem-gehoert-der-nil/ (Dez. 2021); **20.14** Kaveh Madani: Irans Wasserkrise. Missmanagement und anhaltende Konflikte. (01.10.2020) Unter: www.bpb.de/themen/naher-mittlerer-osten/iran/316161/irans-wasserkrise-missmanagement-und-anhaltende-konflikte/ (Zugriff 13.04.2022, gek.); **21.1** Paul-Anton Krüger: Die ausgetrocknete Provinz, auf: SZ.de v. 21.07.2021, unter: www.sueddeutsche.de/politik/iran-proteste-wasserknappheit-tote-1.5359317 (Zugriff 13.04.2022, gek.); **21.2** The CIA World Factbook 2020-2021. Unter: www.cia.gov/the-world-factbook/; DSW-DATENREPORT 2021. Soziale und demografische Daten weltweit. Unter: www.dsw.org/wp-content/uploads/2021/10/DSW-Datenreport_2021_web.pdf; Bericht über die menschliche Entwicklung 2020. Unter: dgvn.de/publications/Bilder/UN-Berichte/HDR_2020.pdf (Zugriff 13.04.2022, bearb.); **21.18** Wasserkrise im Iran: Iranische Regierung unterdrückt Bauernproteste gegen illegale Wassernutzung. (31.052021) Unter: www.igfm.de/wasserkrise-im-iran-proteste-vor-praesidentschaftswahl-brutal-unterdrueckt/ (Zugriff 13.04.2022, gek.); **22.20** Übereinkommen über das Recht der nichtschifffahrtlichen Nutzung internationaler Wasserläufe, 21.05.1997. Unter: de.wikipedia.org/wiki/%C3%9Cbereinkommen_%C3%BCber_das_Recht_der_nichtschifffahrtlichen_Nutzung_internationaler_Wasserl%C3%A4ufe (Zugriff 13.04.2022, gek.), siehe *3; **23.22** Florian Rötzer: Türkei-Syrien-Irak im Krieg ums Wasser. (06.08.2018) Unter: www.heise.de/tp/features/Tuerkei-Syrien-Irak-im-Krieg-ums-Wasser-4129501.html (Zugriff 13.04.2022, gek.); **23.23** Raniah Sallum: Türkei dreht Syrien das Wasser ab. (02.08.2020) Unter: www.spiegel.de/ausland/tuerkei-dreht-syrien-das-wasser-ab-machtkampf-in-nahost-a-626d23dd-9c2d-448f-adfb-6191e0f6c086 (Zugriff 13.04.2022, gek.); **24.26** Michael Stang: Dezentrale Abwassersysteme. Sauberes Wasser für Jordanien. (29.10.2018) Unter: www.deutschlandfunk.de/dezentrale-abwassersysteme-sauberes-wasser-fuer-jordanien-100.html (Zugriff 13.04.2022, gek.); **25.28** Christoph Behrens: Meerwasserentsalzung – Wie Dubai dem Meer Trinkwasser abringt. In: Süddeutsche Zeitung v. 22.08.2017, auch unter: www.sueddeutsche.de/wissen/meerwasserentsalzung-wie-dubai-dem-meer-trinkwasser-abringt-1.3630919 (Zugriff: 11.07.2022) **25.30** Kai Zimmermann: Infoblatt Herkunft des Wassers für die Landwirtschaft in Saudi-Arabien. Terrasse Online v. 18.08.2015. Unter: www.klett.de/alias/1084573 (Zugriff 13.04.2022, gek.); **30.11** Die Frauen der Qashqai-Nomaden Irans, unter: de.qantara.de/inhalt/die-frauen-der-qashqai-nomaden-irans, (Dez. 2021); **30.12** Michael Martin: Der Mensch in der Wüste, unter: www.michael-martin.de/de/wissen_wuesten_der_erde/mensch_wueste.html (Dez. 2021); **31.15** Bundesministerium für Verteidigung, Die Tuareg. Stolze Krieger ohne Staat, v. 01.04.2017, unter: www.bmvg.de/de/aktuelles/die-tuareg-stolze-krieger-ohne-staat-11084 (Dez.

2021); **33.20** Nach Wolfgang Koppe: Infoblatt Oasen, unter: www.klett.de/alias/1015158 (Dez. 2021); Zur besseren altersgemäßen Verständlichkeit wurde der Originaltext verändert, ohne den Inhalt und/oder Sinn zu verändern.; **35.28** Berechnungen des Autors nach FAO und Umweltinformationszentrum Leipzig; **36.32** Nach: landmatrix.org/list/deals/ (Dez. 2021); **37.35** Carolyn Wißing: Stichwort Landgrabbing. Deutsche Welle v. 10.10.2013, unter: www.dw.com/de/stichwort-landgrabbing/a-17098640 (Dez. 2021); **38.40** Tobias Landwehr: Der Nahe Osten kämpft ums Wasser, auf: ZEIT ONLINE v. 08.12.2016, unter: www.zeit.de/wissen/umwelt/2016-12/wassermangel-weltweit-bevoelkerungswachstum-urbanisierung-syrien-krieg-naher-osten?utm_referrer=https%3A%2F%2Fwww.google.com%2F (Zugriff: 26.04.2022); **39.43** Christine Sommer-Guist: Bio-Landwirtschaft in Marokko, in: ForestFinance v. 22.11.2020, unter: blog.forestfinance.de/2020/11/22/bio-landwirtschaft-in-marokko/ (Dez. 2021); **43.8** Zusammenstellung des Autors nach verschiedenen Quellen, u.a. statista.de (Dez. 2021); **43.9** Zusammenstellung des Autors nach verschiedenen Quellen, u.a. statista.de (Dez. 2021); **44.12** Henner Fürtig: Das Wirtschaftszentrum des Vorderen Orients. In: Praxis Geographie, 34. Jg. Braunschweig: Westermann 2005, S. 32; **45.15** Wintershall Dea AG, Algerien. Erdgas aus der Wüste, unter: wintershalldea.com/de/wo-wir-sind/algerien (Dez. 2021); **46.16** Zusammenstellung Autor nach verschiedenen Quellen, u.a. GTAI: Wirtschaftsdaten kompakt, statista.de, und p.org; **47.19** Nach GTAI: Saudi-Arabien Wirtschaftsdaten kompakt (Mai 2021); **47.21** Nach GTAI: Saudi-Arabiens Wirtschaftsdaten kompakt (Mai 2021); **47.23** Nach: Saudi Arabian General Investment Authority, Economic Cities Agency: Saudi Arabia's Economic Cities, o.J., S. 4 u. 6.; **48.26** Nach GTAI: VAE Wirtschaftsdaten kompakt, Mai 2021; **48.28** Nach GTAI: VAE Wirtschaftsdaten kompakt (Mai 2021); **49.30** Nach Dubai Statistics: Labour (dsc.gov.ae) (Dez. 2020); **50.33** Nach GTAI: Oman Wirtschaftsdaten kompakt (Mai 2021); **50.36** Nach GTAI: Oman Wirtschaftsdaten kompakt (Mai 2021); **51.38** SEZAD 2020, Special Economic Zone of Duqm (SEZAD), Inside SEZAD: Profile, unter: www.duqm.gov.om/sezad/inside-sezad/profile (Zugriff 10.3.2021); **51.38** Siemens AG, Siemens gewinnt Auftrag aus dem Oman für großes Energie- und Wasserprojekt, Pressemitteilung v. 29.1.2019, unter: press.siemens.com/global/de/pressemitteilung/siemens-gewinnt-auftrag-aus-dem-oman-fuer-grosses-energie-und-wasserprojekt (Zugriff 10.3.2021); **52.41** Reinhard Stockmann, Ulrich Menzel, Franz Nuscheler: Entwicklungspolitik: Theorien – Probleme – Strategien, Oldenbourg München, 2010, S. 298f.; **52.42** Nach KNOMAD: Migration and development brief 34 vom Mai 2021; **53.44** Ronny Blaschke: Arbeitsbedingungen beim WM-Gastgeber Katar. Sterben für den Fußball. auf: Deutschlandfunk v. 28.02.2021, unter: www.deutschlandfunk.de/arbeitsbedingungen-beim-wm-gastgeber-katar-sterben-fuer-den-100.html (Dez. 2021); **53.45** Tom Allinson/ Lewis Sanders: Golfstaaten: Wanderarbeiter in Not. Auf: Deutsche Welle v. 08.05.2020, unter: www.dw.com/de/golfstaaten-wanderarbeiter-in-not/a-53368219 (Dez. 2021); **54.47** Karim El-Gawhary: Nadelöhr des Welthandels. in: taz v. 07.08.2019, unter: taz.de/Die-Strasse-von-Hormus/!5615409/ (Dez. 2021); **55.49** Katharina Willinger: China füllt die Lücke im Iran, auf: tagesschau.de v. 09.04.2021, unter: www.tagesschau.de/wirtschaft/weltwirtschaft/iran-china-105.html (Dez. 2021); **58.5** Nach statista.de; Dez. 2021); **59.7** Susanne El Khafif: Industriepark am Roten Meer. Die erste chinesische Stadt in Ägypten. Deutschlandfunk v. 20.05.2017, unter: www.deutschlandfunk.de/industriepark-am-roten-meer-die-erste-chinesische-stadt-in-100.html (Dez. 2021); **59.9** Zusammenstellung Autor nach verschiedenen Quellen, u.a. sczone.eg, beide Dez. 2021; **60.11** Nach Wikipedia: Liste der größten Häfen nach Containerumschlag, unter: de.wikipedia.org/wiki/Liste_der_gr%C3%B6%C3%9Ften_H%C3%A4fen_nach_Containerumschlag; **60.12** Tanger Med 2: Hafen mit größter Kapazität im Mittelmeerraum in Betrieb. In: Internationales Verkehrswesen v. 27.06.2019. Baiersbronn: Trialog Publishers 2019, gekürzt, unter: www.internationales-verkehrswesen.de/tanger-med-2-hafen-mit-groesster-kapazitaet-im-mittelmeerraum-in-betrieb/; **61.13** Nach DUBAIRPORTS fact file 2021, auf media.dubaiairports.ae; **61.15** nach: de.wikipedia.org/wiki/Flughafen_Dubai-World_Central_International. Dez. 2021). CC-BY-SA-4.0 Lizenzbestimmungen: creativecommons.org/licenses/by-sa/4.0/legalcode, siehe *3; **63.21** Nach Deutsche Industrie- und Handelskammer in Marokko: Marokko: Windenergie – Zulieferindustrie und kleinere Anlagen. Casablanca 2018, S. 43-44, auch unter: www.german-energy-solutions.de/GES/Redaktion/DE/Publikationen/Marktanalysen/2018/zma_marokko_2018_windenergie.pdf?__blob=publicationFile&v=4; **64.24** Karin Leukefeld: Stadt der Bildung in der Wüste von Katar. In: Neues Deutschland v. 03.07.2006; **64.26** Zusammenstellung Autor nach www.qu.edu.qa (University of Qatar) und www.qf.org.qa (Qatar Education City), Dez. 2021; **65.27** Zusammenstellung Autor nach www.qu.edu.qa (University of Qatar) und www.qf.org.qa (Qatar Education City), Dez. 2021; **65.29** Manon Mazuir: Die Golfstaaten investieren in Zentralasien. übers. v. Robin Shakibaie, auf: Novastan.org v. 28.01.2020, unter: novastan.org/de/kirgistan/die-golfstaaten-investieren-in-zentralasien/ (Dez. 2021); **68.4** Badr Abdelatty (ehemaliger ägyptischer Botschafter in Deutschland), Tourismus für nachhaltige Entwicklung, in: politikAGENDA, Ausgabe Juli 2018, S. 4, unter: www.tuigroup.com/damfiles/default/tuigroup-15/de/medien/tui-storys/2018/2018-07-09-tui-politikagenda-juli/DE_TUI_politikAGENDA_2018-2.pdf-1b1a68de90142397f6d269d1db0901c7.pdf (Zugriff: 13.05.2022); **68.5** Franz Maget: Arabischer Frühling in Ägypten: Eine gescheiterte Revolution. In: Vorwärts v. 25.01.2021, unter: www.vorwaerts.de/artikel/arabischer-fruehling-aegypten-gescheiterte-revolution (Dez. 2021); **69.7** Bassem Aboualabass (AFP), 18.01.2020: Erfolgreicher Kampf gegen den Plastikmüll im Urlauber-Paradies; **69.8** Auswärtiges Amt [Deutschland]: Ägypten: Reise- und Sicherheitshinweise (Sicherheit – Teilreisewarnung), unter: www.auswaertiges-amt.de/de/ReiseUndSicherheit/aegyptensicherheit/212622 (Stand v. Dez. 2021); **71.13** Angelika Slavik: Sonne, Strand – und wo bleibt die Moral?, in: Süddeutsche Zeitung v. 16.05.2019, unter: www.sueddeutsche.de/reise/urlaub-in-der-tuerkei-sonne-strand-und-wo-bleibt-die-moral-1.4447583 (Dez. 2021); **71.14** Andreas Fritsch: Nach uns die Sintflut... Der Türkei INSIDER v. 10.10.2021, unter: http://www.insidersegeln.de/Tipps/Umwelt_Sintflut.php (Dez. 2021); **71.15** dpa: Flammen sind Katastrophe für Tourismus, dpa-Meldung v. 10.08.2021, auch unter: www.stuttgarter-nachrichten.de/inhalt.braende-im-urlauberland-flammen-sind-katastrophe-fuer-tourismus.bafeabf6-f98b-4810-bd8b-c5abd4777e69.html; **71.16** Sanfter Tourismus in der Türkei. Artenvielfalt und Naturschauspiele, unter: www.easyvoyage.de/reisetipp/die-10-umweltfreundlichsten-reiseziele/sanfter-tourismus-in-der-tuerkei-artenvielfalt-und-naturschauspiele (Dez. 2021); **71.17** Nach Republic of Türkiye, Ministry of Culture and Tourism: Tourism Strategy of Turkey – 2023. Ankara, 2007, S. 4, unter: www.ktb.gov.tr/Eklenti/43537,turkeytourismstrategy2023pdf.pdf?0&_tag1=796689BB12A540BE0672E65E48D10C07D6DAE291; **72.18** Department of Economy and Tourism [of Dubai]: About Dubai, unter: www.visitdubai.com/en/explore-dubai/about-dubai (Dez. 2021); **72.19** Nach Dubai Department for Marketing & Commerce; Dubai Statistics Center, Juli 2019; **73.20** Moritz Baumstieger: Kultur fürs Image, auf: SZ.de v. 28.03.2021, unter: www.sueddeutsche.de/kultur/art-dubai-kunstmesse-dubai-emirate-uae-1.5246877 (27.04.2022); **73.21** Dubai Prestige: Der Louvre Abu Dhabi, unter: www.dubai-prestige.com/de/der-louvre-abu-dhabi/ (Dez. 2021); **73.23** Laura Weißmüller: Der Louvre Abu Dhabi wäscht die Kunst rein, auf: SZ.de v. 11.11.2017, unter: www.sueddeutsche.de/kultur/louvre-abu-dhabi-das-weltmuseum-als-gebautes-moralisches-fragezeichen-1.3743862 (Dez. 2021); **74.26** Philipp Laage, dpa: Katar vor der Fußball-WM: Urlaub im reichsten Land der Welt, dpa-Meldung v. 18.12.2019; **74.27** Fan-Protest in München gegen Bayern-Vorstand wegen Katar-Sponsor, dpa-Meldung v. 06.11.2021; **75.30** Sara Abbasi: Chancen und Risiken des Destinationsmanagements im Spannungsfeld zwischen Ökonomie und Ökologie – dargestellt an den Tourismusdestinationen Oman und Dubai. Bachelorarbeit: Hochschule Mittweida, Fak. Medien, 2013, S. 58, unter: monami.hs-mittweida.de/frontdoor/deliver/index/docId/3588/file/Bachelorarbeit_SaraAbbasi_Endversion.pdf; **75.32** Tobias Zick: Salalah, Oman. Picknick im Nieselregen. In: Süddeutsche Zeitung v. 11.08.2012, S. 7.; **77.2** Hartmut Redmer: Die islamisch-orientalische Stadt – Entstehung, Wandel und heutiges Bild. In: Geographie und Schule, H. 89. Köln: Aulis 1994, S. 25; **78.5** Teheran – Metropole am Limit? Veranstaltung dis:orient e.V. v. 05.10.2017, unter: www.disorient.de/magazin/alsharq-veranstaltung-teheran-am-limit (Dez. 2021, leicht verändert); **79.7** Jürgen Bähr/Ulrich Jürgens: Stadtgeographie II. Braunschweig: Westermann 2009, S. 236–237; **79.9** Elke Werry: Basare der Welt – Teheran. ARD, WDR Köln vom 22.09.2020, unter: programm.ard.de/TV/Untertitel/Nach-Rubriken/Dokus--Reportagen/Alle-Dokus/?sendung=280073273579211 (Dez. 2021); **79.10** Michael Marek/Sven Weniger: Unterwegs in Teheran – Hijab, Hipster und Hochkultur – Kultur. Schweizer Radio und Fernsehen (SRF) vom 01.02.2019, unter: www.srf.ch/kultur/gesellschaft-religion/unterwegs-in-teheran-hijab-hipster-und-hochkultur (Dez. 2021); **80.11** Bita Schafi-Neya: Flirt-Stau in Teheran, in: FAZ.NET v. 13.09.2015, unter: www.faz.net/aktuell/feuilleton/irans-jugend-flirt-stau-in-teheran-13797746.html (Dez. 2021); **80.12** dpa: Anhaltende Proteste in Tunesien – 630 Menschen festgenommen, dpa-Meldung v. 18.01.2021; **80.13** Viola Lucas: Gesellschaftliche Herausforderungen. In: Bundeszentrale für politische Bildung (Hrsg.): Informationen zur politischen Bildung 331. Heft 3-4/2016: Naher Osten, Bonn 13.12.2016, S. 46, unter: www.bpb.de/shop/zeitschriften/izpb/238922/gesellschaftliche-herausforderungen/; **81.14** Reiner Klingholz/Felix Lill/Joachim Budde: Wachsen und schrumpfen. In: DIE ZEIT Nr. 7/2014 v. 06.02.2014, unter: www.zeit.de/2014/07/demografie-iran-nigeria-japan-deutschland?utm_referrer=https%3A%2F%2Fwww.google.com%2F (Dez. 2021); **81.15** Nach: DSW-Datenreport 2021. Hannover: Deutsche Stiftung Weltbevölkerung 2021, S. 8 ff.; **82.18** Nach Weltbank und CIA World Fact Book; **82.20** Mirco Keilberth: Protestwelle in Tunesien, in: taz v. 26.12.2018, unter: taz.de/Neuer-arabischer-Fruehling/!5561885/ (Dez. 2021); **83.21** Viola Lucas: Gesellschaftliche Herausforderungen. In: Bundeszentrale für politische Bildung (Hrsg.): Informationen zur politischen Bildung 331. Heft 3-4/2016: Naher Osten, Bonn 13.12.2016, S. 50, unter: www.bpb.de/shop/zeitschriften/izpb/238922/gesellschaftliche-herausforderungen/; **84.27** Horst Mensching/Eugen Wirth (Hrsg.): Nordafrika und Vorderasien. Fischer Länderkunde, Bd. 4. Frankfurt am Main: Fischer Taschenbuch Verlag 1989, S. 48–49; **85.28** Axel Borsdorf/Oliver Bender: Allgemeine Siedlungsgeographie. Wien/Köln/Weimar: Böhlau 2010, S. 340–341; **85.30** Jürgen Bähr/ Ulrich Jürgens. Stadtgeographie II. Braunschweig: Westermann 2009, S. 230; **85.31** Jürgen Bähr/ Ulrich Jürgens. Stadtgeographie II. Braunschweig: Westermann 2009, S. 232; **86.33** Mirko Ellrich/Wiebke Hebold: Infoblatt Kairo, unter: www.klett.de/sixcms/detail.php?template=terrasse_artikel__layout__pdf&art_id=1005647 (Dez. 2021) u. CIA-World-Factbook; **87.37** Sebastian Sonntag: Bauprojekt Capital Cairo. Ägyptens protzige Mega-Metropole nur für Reiche, auf. Deutschlandfunk Nova v. 09.05.2022, unter: www.deutschlandfunknova.de/beitrag/aegypten-neue-stadt-fuer-reiche-gebaut-ohne-ruecksicht-auf-die-armen (Zugriff: 13.05.2022); **88.40** Wikipedia: Masdar, unter: de.wikipedia.org/wiki/Masdar (Dez. 2021). CC-BY-SA-4.0 Lizenzbestimmungen: creativecommons.org/licenses/by-sa/4.0/legalcode, siehe *3; **89.42** Eckart Ehlers u.a.: Der Islamische Orient. Köln: Diesterweg 1990. S. 324–325; **89.44** Anonymus: Entwicklung von Gated Communities. Ursachen und Beweggründe eines neuen Trends in Istanbul. Bachelorarbeit 2014, unter: www.grin.com/document/307154 (Dez. 2021); **90.46** Brigitte Scholtes: Tunesien: Frauen in der Wirtschaft, auf: Deutsche Welle v. 21.02.2020, unter: www.dw.com/de/tunesien-frauen-in-der-wirtschaft/a-52419633; **90.47** Anne Françoise Weber: Frauen in Saudi-Arabien – Zwischen Geschlechtertrennung und Welteroberung, auf: Deutschlandfunk. Eine Welt v. 07.12.2019, unter: www.deutschlandfunk.de/frauen-in-saudi-arabien-zwischen-geschlechtertrennung-und-100.html; **96.3** Isabel Putinja: Tunesische Produzenten sehen Versprechen im Oliven-öltourismus. In: Olive Oil Times v. 26.06.2018, unter: de.oliveoiltimes.com/world/tunisian-producers-see-promise-in-olive-oil-tourism/63968; **97.6** Zusammenstellung Autor nach verschiedenen Quellen, u.a. CIA World Factbook, Dez. 2021; **98.7** Monika Jäggi: Tourismus und Ressourcennutzung in der südtunesischen Oase Douz. Bern u.a.: Lang 1994, S. 206; **98.8** Peter Schmitz: Tunesiens Tourismussektor boomt. Branchenbericht Tunesien Tourismus GTAI v. 01.07.2019, unter: www.gtai.de/de/trade/tunesien/branchen/tunesiens-tourismussektor-boomt-110796; **98.10** Deutsche Gesellschaft für Internationale Zusammenarbeit (GIZ): Förderung des nachhaltigen Tourismus in Tunesien. Bonn und Eschborn, Juni 2021, unter: https://www.giz.de/de/weltweit/85787.html

*3 Lizenzbestimmungen zu CC-BY-SA-4.0 siehe: http://creativecommons.org/licenses/by-sa/4.0/legalcode

Sollte es in einem Einzelfall nicht gelungen sein, den korrekten Rechteinhaber ausfindig zu machen, so werden berechtigte Ansprüche selbstverständlich im Rahmen der üblichen Regelungen abgegolten.